AF591237

ANDRÉ LEBEY

JEAN DE TINAN

Souvenirs et Correspondance

AVEC UN PORTRAIT

PARIS
H. FLOURY, EDITEUR
2, Rue Saint-Sulpice et 4, Rue de Condé

1922

JEAN DE TINAN

Souvenirs
et
Correspondance

Pour André Lebey
en signe d'amitié =

ANDRÉ LEBEY

JEAN DE TINAN

Souvenirs et Correspondance

AVEC UN PORTRAIT

PARIS
H. FLOURY, EDITEUR
2, Rue Saint-Sulpice et 4, Rue de Condé

—

1922

Sur la demande expresse de la famille, un certain nombre de lettres, — qu'il me soit, du moins, permis de dire combien je le déplore, — n'ont pas été publiées.

A. L.

JEAN DE TINAN

> « Les morts ne meurent jamais tout entiers ; ils sommeillent dans les cellules les plus obscures des cerveaux et des cœurs pour se soulever en de rares instants à l'appel d'une voix qui rappelle leur passé. »
>
> *Lafcadio Hearn.*

Pour le poète de seize ans qui rêve un éditeur et, bien au-dessus de ses désirs personnels, s'ouvre, frémissant ou contenu, sur la littérature qui vient, qui doit venir, la librairie est un sanctuaire; plus encore quand celle-ci, vouée aux meilleurs, encore inconnus ou presque, sauf d'un cénacle, groupe les « avancés » à l'exclusion des autres ; leur prestige, comme celui du centre où ils paraissent, s'accroît des quelques années qui les séparent du néophyte. Tels m'étaient Régnier, Quillard, Pierre Louÿs, familiers de la haute vitrine particulière de l'Art indépendant, rue de la Chaussée-d'Antin. Les recueils de vers, sous des couvertures unies, de couleurs variées, souvent voyantes, ce qui constituait alors une nouveauté singulière, s'offraient strictement traversés de leur titre et timbrés de la sphinge aux longues ailes de Rops, *non hic piscis omnium*. Cette devise m'enchantait.

Audace heureuse qui fut la mienne le premier jour où, en dépit de mon uniforme de collégien, j'osai non seulement franchir le seuil, — où devait veiller un dragon, d'après ceux d'Enneirda, qui en peignait sur paravent, ou, de Blache, qui délavait des apparitions pour couvertures musicales, — mais demander, jaune citron acide, taché par Besnard, un exemplaire d'*Astarté*. J'étais encore à Michelet, en seconde, sous le professorat consciencieux de M. Bernès auquel j'avais reproché de méconnaître le sérieux de mes lectures parce qu'il avait repéré le *Voyage en Italie* de Taine et le *Traité du Narcisse*, d'André Gide, dans la couverture d'une grammaire grecque vidée de son habituel contenu. Je m'étais attiré une longue lettre pleine de cœur, — nous correspondions en dehors de nos positions respectives, comme des cours, — où il m'avait assuré qu'il n'en était rien, mais qu'il en redoutait le décousu. — Un autre genre d'adversaire me dispensait le seuil du Temple, bien vivant celui-là, un petit homme aux longs cheveux gris rejetés en arrière, soulevés par le peigne au point de paraître soufflés, sur un front bombé jusqu'aux lunettes derrière lesquelles brillait un regard fixe, doucement étrange. Une dame aux gros yeux sous un lorgnon et des cheveux blancs, en mousse contre un visage brun, rangeait au fond de la boutique, assez étroite, des revues à couverture bleue, frappées, je crois, du svastika et où un sage indien méditait au bord d'une mer évidemment éternelle. C'étaient les sorciers de ce lieu magique, M. et Mme Bailly. Un chat noir, tour à tour bondissant et immobile, familier et hiératique, complétait cet ensemble d'alchimie.

Lui, plein de souvenirs, d'histoires et d'imprévu, fumait avec assez de distinction sa cigarette. Il voulait que son magasin lui rapportât de quoi vivre, mais il y gardait toute son indépendance. Un acheteur lui ayant réclamé un jour *Tel qu'en songe*, dont il ne possédait plus que quelques exemplaires, il le dévisagea froidement et alla prendre sur un autre rayon *L'Homme tout nu* de Catulle Mendès en expliquant au client ébahi, mais consentant, que ce livre-ci lui convenait mieux. « Avec une tête pareille... « Tel qu'en songe !... » murmura-t-il en refermant sa porte sur le profane. — Il avait fait la Commune. Il prétendait même avoir tiré le dernier coup de feu dans Le Père-Lachaise. Un jour d'été qu'il montrait le poing au ciel en jurant familièrement le nom du Seigneur : « Vous y croyez donc ? » lui demandai-je. « Bien sûr, répondit-il, c'est pour cela que je l'insulte. » La revue au dessin mystique, de Schuffenecker, mon professeur de dessin à Michelet, — la vie a de ces coïncidences — était le *Lotus Bleu*, un des premiers initiateurs en France du mouvement théosophique. Est-ce par cette voie que M. et Mme Bailly furent bientôt amenés à vendre des tables tournantes, portatives et démontables ? Mme Bailly excellait à imposer leur essor dirigé aux rebelles de mon espèce. L'esprit qui répondait le plus fréquemment à sa maîtrise s'appelait Bakoun. Après avoir prédit des succès aux livres du consultant, il conseillait en général, non sans discrétion, d'acheter un des volumes qui tapissaient les murs élevés de l'Art Indépendant, jusqu'à moitié de leur hauteur afin, sans doute, qu'ils fussent toujours à portée de la main. C'était un bon esprit, obéissant et dévoué. Quant à ses évocateurs, maîtres du visible et de l'invisible, ils possédaient un charme réel, non sans bienveillance.

Je revins souvent, toujours ému, moins embarrassé. Un jour j'y rencontrai un jeune homme aux cheveux magnifiques qui fumait un bon cigare, serré dans une longue redingote, son chapeau haut de forme sur ses genoux; une jeune femme brune, aux beaux yeux noirs et aux fortes lèvres, appuyait les mains sur sa chaise; elle riait de plaisir, charmante, en le regardant. Il semblait heureux en même temps que pressé de vivre; je le reconnus pour l'avoir rencontré dans l'atelier de Jacques-Emile Blanche, qui faisait alors son portrait. C'était Pierre Louÿs. A quelques jours de là, j'en vis un autre, plus jeune, tout en noir, avec une lavallière de même couleur tournée deux fois autour d'un col assez haut, la tête petite, imberbe, la bouche un peu ouverte; il portait un feutre mou fendu à larges bords et, sous le mac-farlane, la main qui en sortait, pâle, longue, ornée d'une bague d'argent à l'améthyste claire, s'appuyait sur une canne d'ébène. C'était Jean de Tinan. Il venait apporter le manuscrit de son premier livre : *Un document sur l'Impuissance d'aimer*. Edmond Bailly nous présenta. Nous partîmes ensemble et, quand je l'eus reconduit jusqu'à sa porte, rue Cambon, dans la seconde maison à partir du boulevard, il me sembla que je cesserais bientôt d'être seul; j'avais envie de parler à quelqu'un, en toute confiance, de mes plans littéraires les plus secrets.

***

Jean Le Barbier de Tinan était le petit-neveu de l'Amiral qui, sous le second Empire, vit descendre à Gaëte le dernier drapeau fleurdelisé, puis ramena en France Marie-Caroline. Son père, amateur d'art parfait, au goût très sûr, avait l'allure d'un vieux beau. Il portait, avec une grâce solennelle et goguenarde, une longue barbe blanche où pâlissaient encore des poils blonds, presque roux, ses sourcils touffus comme d'autres moustaches, son chapeau haut de forme aux bords soit très plats, soit très relevés, généralement campé en bataille en arrière ou de côté. Il était extrêmement soigné de toute sa personne; son allure de gentilhomme aux guêtres grises était telle qu'on s'étonnait de ne voir derrière lui, ni la porte de son cercle, ni l'empressement solennel d'un valet de pied. Chez lui, calé dans un bon fauteuil au coin du feu, un catalogue sur les genoux, il fumait une longue pipe à l'énorme fourneau d'écume et crachait majestueusement dans un bassin de cuivre au sable blanc. Avec son fils et sa femme, il habitait un petit appartement au sixième, aussi bien tenu que lui-même, sans ascenseur, et où il parvenait fort essoufflé, souvent dans un état de colère dont le nombre excessif des marches restait, bien qu'il y découvrît les motifs les plus variés, la cause initiale. Une toute petite antichambre précédait la salle à manger, en communiquant avec elle, ces deux pièces tapissées de vieilles assiettes et de vieux plats, dont quelques-uns remarquables. Au fond, à gauche, une porte qui menait au salon, bourré de choses anciennes sous vitrines, auxquelles le baron, ardent collectionneur, tenait d'autant plus fort qu'elles restaient les dernières épaves des ventes précédentes, successives, qu'il avait dû consentir; au surplus, il avait sauvé le meilleur. Je m'y rappelle encore, sur le velours rouge, une suite curieuse de petites têtes de mort en ivoire, en bois, et en pierres précieuses, de plusieurs époques sans doute, mais qui me paraissaient principalement de la Renaissance. En face, presque à droite, une porte : c'était la chambre de Jean. Restreinte, mais confortable, toujours, très cirée, sans tapis, sauf une carpette le long du lit, étroit, au fond d'une alcôve; la fenêtre en face, sur la cour avec des voiles de Gênes comme rideaux et près d'elle, parallèlement à sa lumière, juste devant la porte, la table de travail, de bois sombre, avec l'encrier d'étain piqué de plumes d'oie.

Derrière une autre porte, près de la cheminée de marbre noir, une petite bibliothèque au-dessus de laquelle une photographie de George Sand barrée au bas d'une large dédicace. Une commode du côté opposé, en face de la cheminée, portait des objets de toilette, et au-dessus, sur le mur, s'évasaient des armes de sauvages, flèches, zagaies, massues, — du temps de Paul et Virginie assurait, bien avant Francis Jammes, encore dans les limbes, mon nouveau camarade, déjà mon ami.

C'est dans cette pièce qu'il commença d'écrire et décida de rédiger son journal, dont je me rappelle les volumes en percaline verte. Que sont-ils devenus? Je l'ignore. Pierre Louÿs les posséda, mais je crois qu'ils furent réclamés — bien à tort — par la famille. Là aussi, ses chemises de manuscrits, reliées en bradel, maroquin noir et papier marbré. Là encore les grands cahiers de notes, au papier quadrillé, dos de toile noire étroits, et plats gris. Lemardeley, un excellent relieur dont les maroquins avaient toujours un grain solide, lui confectionnait les premiers dans un petit atelier misérable du passage du Pont-Neuf, rue de Seine.

La photographie de Madame Sand ne quitta jamais cette pièce méditative, agréablement sévère, mais d'autres divinités, différentes, y veillèrent bientôt. J'y vis, tour à tour, une jeune fille aux traits doux, qu'il n'aimait pas laisser traîner et dont il rabattait le cadre, Cléo de Mérode, sur laquelle il projetait d'écrire un essai esthétique, Emilienne d'Alençon, enfin la Reine de Hollande sous son bonnet à la Cacao van Houten; elle lui représentait je n'ai jamais bien compris quelle possibilité de la famille, mais c'est ainsi qu'il expliquait sa présence; il la trouvait charmante, avec raison d'ailleurs, et l'appelait « ma petite reine ». Entre ces dames de marque — de marques opposées — je vis également le portrait de Nietzsche, qu'il avait détaché d'*Also sprach Zarathustra*, 1re édition. Nous méditions de le traduire ensemble. Nous fîmes heureusement connaissance d'Henri Albert, bien plus qualifié, et nos premiers essais furent déchirés; nous savions aussi mal l'allemand l'un que l'autre. Bientôt ce fut le profil de Barrès qu'il admirait fort et d'André Gide dont les *Cahiers d'André Walter*, qui nous enchantaient, inspirèrent la forme du *Document sur l'Impuissance d'Aimer*. Dans cette photographie un crayon dépassait sa poche de mouchoir et ce long crayon enchantait Tinan. — Quand je lui eus fait connaître Pierre Louÿs, toutes ces silhouettes disparurent dans un tiroir et furent remplacées par une magnifique photo du nouveau cygne de Léda en redingote. — Nous formâmes presque de suite une inséparable trinité.

Cette chambre cessa bientôt de lui suffire. Des scènes avec sa famille, auxquelles j'assistai plus d'une fois, et qui éclataient souvent dès le début du dîner, la lui rendirent insupportable. Discordes fatales, salutaires ou non, besoin d'indépendance, fierté sainte en tout cas, de celui qui entend défendre, même contre son intérêt et son cœur, le dieu personnel qui le consacre aux Lettres. Il pouvait le faire chez les siens, peut-être même sans doute, mais moins bien, avec une plénitude restreinte; d'où la beauté de compliquer sa vie afin de sacrifier au destin suprême, qui est d'écrire. D'autres motifs, moins spirituels, s'ajoutent à cette noblesse, légitimes aussi, dont on est si pénétré qu'on ne les discute ni ne se les répète : on veut être chez soi pour écrire comme pour aimer. La double initiation complète réclame ainsi un cadre digne d'elle; et c'est une pudeur aux sentiments différents, mais parallèles, puisque la famille ne comprend jamais ni l'un ni l'autre qu'à sa façon. On n'ose risquer le moindre aveu dont on voudrait pourtant lui faire confidence et elle ne touche le sujet, difficile entre tous, que pour sourire mystérieusement ou épouvanter, à moins encore qu'elle ne certifie que l'amour et la littérature sont les deux meilleurs moyens de rater sa vie, ce qui n'est pas, d'ailleurs, sans sagesse. Elle prône le travail, même ennuyeux, avec encore plus d'évidence, mais de quel ton maladroit, surtout quand elle-même n'a pas réellement travaillé. — Tinan, décidément, ne passerait pas ses examens de médecine; son père lui prédisait trop que cette abstention paresseuse l'amènerait à en essuyer d'autres, plus redoutables, et sa mère gémissait avec une insistance excessive en développant les aperçus divers de cette grave plaisanterie. Pourtant, ses parents l'adoraient, mais dans l'amour familial comme dans l'autre, il faut encore savoir aimer et il est un temps, une heure où les parents qui aiment le plus leurs enfants les aiment toujours mal, sans doute parce qu'il n'y a pas moyen de faire autrement; ils nous paraissent alors nous chérir pour eux seuls, contre nous-mêmes. Il n'en est rien; pourtant nous le croyons. Comme nous avons tort, comme ils ont raison, — encore que leur raison ne sache jamais s'y prendre!

L'étudiant, mais qui ne l'était plus guère, sinon en lettres libres, fila vers le quartier latin. Il choisit, toujours dans les hauteurs, ce qui ne valait pas mieux à sa maladie de cœur que le sixième de la rue Cambon à celle de son père ou à la sienne, un petit appartement rue Bonaparte, au cinquième, je crois, non loin de l'école des Beaux-Arts, encore sur la cour, dans une maison qui, sur la cour aussi, au bas de son escalier cruel, allongeait deux sphinx. Un menuisier, du nom de Colly, lui fit sur ses dessins, des meubles en bois blanc peints en gris; aux murs de trois petites pièces étroites, un papier gris; ici et là des photos de Braun, des reproductions de Burne Jones et de Rossetti. Une grande toile noire et blanche sur le lit qui servait de divan, dans un petit coffret des cigarettes qu'il fumait toujours à moitié. Sur un large fauteuil canné, la couverture de soie touffue fauve, qui ressemblait à de la fourrure; elle le suivit partout et je la reverrai toujours étendue sur lui, couverte de bouquets de violettes, quelques heures avant qu'on le mette en bière. — Sur la table de travail, un vase de grès de Carriès, donné par l'étonnant Georges Hœntschell — mort aussi, malheureusement — et où il prenait soin d'avoir sans cesse des fleurs fraîches, même aux fins de mois. Lampes à pétrole de chez Bing, bols de cuivre rouge dans un support à trois branches de fer forgé, abat-jour de soie Liberty. L'art moderne de l'Angleterre et de l'Allemagne, — Maple et Meier Graefe — nous sollicitaient fort.

Orgueil, fierté, allégresse d'être enfin chez soi ! Je regardais Jean tirer sa clef, la mettre dans sa serrure avec une envie secrète. Je devais bientôt en faire autant et ce fut ensemble que nous cherchâmes, amusés par cette course au temple personnel alors facilité, qui nous fit découvrir une vaste pièce à trois cents francs par an, — temps révolus ! — quai des Grands-Augustins, sous les toits. « Tu es encore plus près que moi du Quartier », me disait-il avec regret. Toujours soucieux d'espace et d'air, j'avais une vue admirable sur la Seine, Notre-Dame et les quais, puis, des toits, jusqu'à Montmartre. Il me semblait, suivant le rite classique auquel aucun n'a manqué, que je commençais de conquérir la Capitale.

Il ne resta pas longtemps rue Bonaparte. Le concierge était un véritable cerbère que les allées et venues nocturnes irritaient; les fils de famille auxquels il avait d'abord fait bon accueil lui paraissaient fantaisistes, sans doute aussi trop démunis d'argent. Tinan émigra Boulevard Saint-Michel, à l'entresol, mais encore sur la cour, dans un appartement si sombre qu'il y fallait allumer le gaz l'après-midi : je revois le bec auer à tulipe verte au-dessus de la table d'architecte sur laquelle il travaillait là, l'autre ayant été réservée aux revues, aux livres et aux cartons de gravures. Le concierge, ce personnage si important dans la vie des jeunes gens encore impressionnables, était également particulier, mais à la dévotion de son nouveau locataire, cette fois. « Monsieur de Tinan, me disait-il plus tard, en appuyant sur le de, m'a dit de dire à Monsieur qu'il était sorti. » Il souriait finement et ajoutait quelquefois avec un sérieux comique et comme s'il m'honorait de sa confidence : « Monsieur me comprend. » Jean dut l'empêcher de le qualifier de Comte. « Je n'ai jamais servi que des gens très bien ! » expliquait-il en se redressant, son plumeau sous le bras.

Dans le nouveau logis, le papier gris préféré ne tapissait plus les murs. La chambre avait été tendue d'une toile rustique, qu'il certifiait toile à voile, mais qui venait simplement de chez Joly Belin, au bout de l'avenue de l'Opéra. Je m'y rappelle une petite eau-forte de Maurin qu'il affectionnait, encadrée aussi de gris; une Bretonne, encore enfant sous son bonnet, tenait son menton. Le dernier domicile fut un appartement délicieux, enfin sur la rue celui-là, au coin de la place du Palais-Bourbon, derrière la Chambre. Tout y était exquis. Il l'avait meublé en amant qui ne pouvait et ne voulait y aimer qu'une seule femme, ce qui était sans doute trop, non pour ce cœur incomparable et noble, mais pour la vie de son temps.

Nous nous retrouvions à peu près chaque soir au d'Harcourt. Nous n'y dînions à 3,50 — temps révolus également — que dans la première partie du mois; l'apéritif prolongé, nous regagnions Polydor au coin de la rue Racine, ou un marchand de vins de la même rue Monsieur-le-Prince; nous y prenions, la plupart du temps, notre déjeuner. Nous dînions aussi à la Côte-d'Or, au coin de l'Odéon, dans la petite salle du haut où venait assez fréquemment Moréas; nous vîmes une fois Verlaine; Sailland, dit Kurnonsky, n'y fréquentait pas encore Toulet; Desrousseaux, premier hellénisant de France, m'y était inconnu en tant que citoyen Bracke. Willy et Colette, qui habitaient alors rue Jacob, y vinrent aussi, avec le secrétaire Poléon, chargé de jouer aux courses. Tant d'autres, que j'oublie. Après le dîner, les soirs où Bullier ne nous tentait point, nous passions la soirée les uns chez les autres et c'étaient ces discussions interminables, ces confidences plus longues encore, si précieuses, que Tinan a esquissées dans *Penses-tu réussir*, comme dans sa chronique du *Centaure*. Tandis qu'on est en train de les vivre — il en est pour elles, sans doute, comme pour tant d'autres choses, nombreuses, — je ne crois pas qu'on se rende compte des bienfaits, ni de l'agrément infini de ces causeries franches vouées à l'Esprit, aussi bien qu'à la matière d'ailleurs, à la culture de l'Etre, à la recherche du plus vrai, du plus exact, du préférable; la pudeur et l'ironie devant ce qui devrait être leur valent une intensité à la fois souriante et douloureuse qui ne se retrouve peut-être plus. Tant de problèmes mal explorés sollicitent la jeunesse, un tel appétit de tout connaître et de créer qu'il est impossible de s'appesantir sur ces joies; elles sont si naturelles, simples, en quelque sorte dues; tout vous emporte et vous sauve; rien ne résiste à la vocation intérieure, ni dans le corps, ni dans l'intelligence, tant toutes nos activités diverses ne font qu'une et se manifestent spontanément dans l'action qu'elles accomplissent; on ne cesse de s'affirmer; c'est afin de le faire plus encore qu'on médite un vaste système sur Dieu, l'homme et le monde, alors que n'en ayant aucun à sa convenance, du moins de défini, on détient peut-être, sans le savoir, du fait seul de son élan, le trésor de l'Harmonie elle-même. Quand l'âge et la vie ont passé, quand l'horizon se dénude parce qu'on mesure à l'avance, à la fois, les immenses détails de tout et le peu que ce tout contient, comme sa répétition inéluctable à travers la différence des décors, ces souvenirs, peut-être enfin parce qu'ils sont estompés, presque effacés dans toutes leurs ombres difficiles, prennent un charme extraordinaire.

Nous restions d'autres fois à nous promener, indéfiniment aussi, le long du « boul'Mich' », avec arrêts au Vachette ou au Soufflot, ou, plus tard, au Balzar près de la Sorbonne; passé minuit, nous nous y réconfortions d'œufs durs ou de pain au jambon arrosés d'un excellent demi. Ces flâneries d'idées nous inclinaient au travail. Elles se prolongeaient si tard, quelquefois, les soirs de « bombe », qu'accompagnés ou non, nous allions aux Halles puis après un arrêt chez Baratte, après un pain au lard payé vingt-cinq centimes à Barberouge qui le gouttelait d'un filet de vinaigre et dont nous décidions plus vite la digestion par une bouteille de vin cuit, dénommé Pisse-en-l'air, bu à l'Ange Gardien, nous repassions les quais à l'aube. Nous méditions alors gravement devant la masse effilée de Notre-Dame qui sortait de la nuit en s'imposant, merveilleuse, purificatrice sur nos nerfs douloureux que son architecture, archet mystérieux de l'invisible, touchait comme des cordes tendues. Nous étions remplis d'une immense fierté en même temps que d'une lassitude allègre. Il nous semblait que notre plaisir n'avait pas été seulement celui-ci, mais qu'il contenait une vertu mystérieuse, quelque chose comme une sorte de protestation contre le néant de la vie contemporaine, et cette illusion à l'orgueil facile développait notre courage. Nous restions nos maîtres. Nous nous émancipions définitivement de nos familles, surtout de leurs préjugés, de leurs idées toutes faites qui nous paraissaient naturellement rétrogrades, puisqu'elles s'opposaient aux nôtres et que nous découvrions une routine volontaire, hostile, là où il y avait surtout tendresse craintive. Décidément on ne nous empêcherait ni d'être nous-mêmes, ni d'écrire. Notre vie, définitivement vouée aux lettres, à la pensée, nous prenait par la main. Nous aussi nous nous ajouterions à la glorieuse phalange et en serions dignes. Nous ne doutions pas que ce ne fût la carrière la plus noble, la plus haute, la seule. Nous n'avions pas hésité. Nous étions certains d'avoir raison. Il y avait en nous un sérieux profond, passionné; la littérature ne nous était pas seulement ce qu'elle paraît depuis être devenue pour certains, mais un sacerdoce, quelque chose comme l'office de la messe pour les premiers croyants des catacombes, la célébration de la communion avec la vie par la pensée souveraine et l'acte qui la réalisait.

Un exemple en donnera l'idée.

J'avais publié un recueil de poèmes, certainement trop faciles, sous le titre *Chansons Grises* et Tinan m'y avait très encouragé contre l'opinion de Pierre Louÿs, car nous nous lisions nos œuvres et les débattions ensemble, quelquefois très longuement. Il m'avait dit à plusieurs reprises, depuis l'apparition de la plaquette qu'elle était bien « parce que c'était ça »; il y retrouvait la détresse encore indistincte de ceux que la vie moderne paraît récuser. « Pierre voit trop en parnassien. Évidemment, Hérédia ne peut aimer ton livre, mais nous savons nous autres qu'il répond à des tas de choses qui sont en nous et auxquelles nous ne pouvons rien encore; nous ne pouvons pas qu'elles n'y soient point et que les vers qui les expriment ne nous plaisent ». Or un matin, de bonne heure, ce qui était rare, les trois coups convenus entre nous trois seuls pour déjouer les raseurs ou les créanciers, résonnèrent selon la cadence, à ma porte. Je me lève, je lui ouvre, je me recouche. Il s'assied sur mon lit, sombre, très chevalier de Maison Rouge sous son feutre et son mac-farlane, avec son foulard blanc inspiré de celui de Goncourt dans la litho de de Bracquemont « visage où le foulard était toute une draperie » comme il résuma si bien dans un de ses essais, et me tend le *Journal* en m'y désignant le *Pall-Mall* hebdomadaire de Jean Lorrain. Comme je m'étonne, « Lis ! »

ordonne-t-il. Et je lis avec joie — j'avais dix-huit ans, c'était le premier article à mon sujet — une citation de mes vers, accompagnée d'éloges. Je relève une tête épanouie. Il sort de son mutisme en accentuant le doute sérieux de la sienne : « Eh bien, moi je ne suis pas content. Certes, Jean Lorrain nous amuse, nous intéresse en tant qu'expression; nous aimons aller, de loin en loin, à ses réceptions d'Auteuil; nous nous préservons de ses moustaches teintes qui l'aident à moins cracher dans la figure des gens quand il leur parle et nous adorons sa mère dont la présence et l'allure nous apprennent que nous aurions pu l'estimer; nous acceptons même qu'il se monte le coup avec sa voix grave et qu'il nous incite à en faire autant quand il est question des autres; mais lorsqu'il s'agit de toi, halte-là ! » Je proteste de sa sincérité; il n'avait aucun intérêt, etc. « Évidemment, véridique, mon cher innocent, reprend-il, là niche le danger. Il est plein de talent, yes, ses *Contes pour lire à la Chandelle* — voilà un titre — ont une page épatante sur la jarretière d'une bonne, yes, yes, mais... mais — et il me prenait la main en me regardant dans les yeux — pour qu'il ait tant aimé ton livre, il faut qu'il se cache dedans quelque chose qui n'est pas bien, qui ne soit pas assez de nous, tu comprends, qui soit en rapport avec « eux »... Pierre avait peut-être raison en partie. Nous nous sommes trompés ». Et après un silence, indifférent à mes inquiétudes, content d'elles, plutôt certain de me réveiller d'une satisfaction qu'il estimait dangereuse : « Prends garde, vieux ! on glisse si vite ! tu as une facilité en poésie qui te mène au laisser-aller. Tu ne travailles pas assez tes vers. Cet article est un avertissement ». Puis, solennel, avec un accent dont je me rappelle la beauté : « Il s'agit de ne pas nous trahir, ni ça, — il montrait la photographie d'un dessin d'Ingres, Ulysse aux enfers parmi les ombres avec en bas Homère, la tête sur ses bras croisés, ses doigts effleurant sa lyre et la Muse lui prenant le coude, — ni ceux pour qui nous travaillons, qui viendront plus tard et qui nous demanderont des comptes ». Enfin la mine débarrassée, radieuse : « Voilà, vieux ! c'est dit ! Je devais te le dire, je suis rudement content ! Bisque, bisque, rage aux petits camarades qui nous regardent déjà de travers. Échec et mat à X... Ton ami La Jeunesse va en laisser choir son monocle sur sa joue de petit garçon, — et il prononçait à l'anglaise, petit gâaçon. Pendant une seconde, — mais pas plus — Alfred Vallette cessera de te croire un amateur. Rachilde, au prochain mardi, ne s'hypnotisera pas que sur ta cravate. J'ai mis à la boîte en venant un carton au Lorrain pour lui crier bravo » !

Comme je me levais, il gagna mon bureau et quand ma toilette fut finie, je le trouvai penché sur mes vers, le crayon à la main : « C'est entendu je n'y connais rien, puisque je ne peux en faire, mais je sens les mots, les rythmes, les rimes et je te connais ! Or tu te laisses aussi trop emporter par ton idée; tu en oublies la forme... »

J'avais alors quitté le quai des Grands-Augustins, pour celui d'Orléans, la rive gauche pour l'île Saint-Louis, la façade de Notre-Dame pour son vaisseau, que mes deux fenêtres, larges, laissaient voir en entier. « Tiens, me dit-il en se levant pour mieux admirer la nef, tout concourt là-dedans à un ensemble, mais en même temps les détails qui le composent de leurs sommes additionnées sont aussi parfaits que lui ; toi, au contraire, si ton ensemble est toujours charpenté, emporté que tu es par lui comme par ton perpétuel besoin de chercher ailleurs, de trop penser et de trop lire, de ne pas t'enfermer dans ce que tu fais présentement, tu oublies les détails. » Puis, avec cette brusque ironie, au fond triste, qui le prenait souvent : « Il est vrai qu'au bas de tout cela, il y a la Morgue !... Filons vite déjeuner. » Nous déjeunâmes au coin du quai Saint-Michel dans un restaurant renommé pour ses beafsteacks aux pommes soufflées — comme le *Chateaubriand* du boulevard Saint-Germain — et son vin blanc sec ; on y servait l'eau dans des pots de terre à tête de chien. Vanier — je crois bien que Chacornac n'existait pas encore, au moins dans l'occultisme aussi net, — était non loin. Il nous figurait, celui-ci, le sanctuaire bibliographique de Verlaine, de Rimbaud, de Laforgue et de l'ami Merril qui habitait vers la pointe de l'île, au quatrième de l'avant-dernière maison avec une amie assez grosse, appelée Bobelinette.

De nous-mêmes, nous nous étions assignés le plus pur idéal. Incapables, sur ce terrain, de modestie, de modération ni de réserve prudente, nous nous étions voués à découvrir l'orientation salutaire au monde; toute notre générosité mêlait, confondait à ses débuts, la France et le reste de la terre dans un même amour. Sous les galeries de l'Odéon, propices pour feuilleter les revues et les livres neufs, dans les théâtres, à travers les cénacles et les ateliers, quelquefois aux conférences, mais qui fleurissaient alors moins que maintenant, partout, surtout, il est vrai, en nous-mêmes et pour tout y ramener, possédés par une bonne foi totale, sans alliage, nous surveillions continuellement les manifestations de cette pensée générale; nous l'appuyions aussi sur les études les plus sérieuses, que nous recommencions, nos classes n'ayant fait qu'éveiller notre recherche, sans nous suffire.

Peut-être, en effet, une partie de cette ardeur, venait-elle de ce que nous n'avions été éduqués, tout en ayant reçu l'instruction, ni par nos professeurs, ni par nos parents, les uns et les autres préoccupés d'eux-mêmes ou sollicités par d'autres soins. Nous avions aussi le sentiment de commencer seulement de vivre tout à fait et nous n'hésitions pas, je le répète, sur le devoir qui était le nôtre, de nous recréer pour devenir des hommes. Dans une vie facile au point de vue mœurs, nous conservions tous deux un instinct naturel de moralité constante qui présidait à tous nos actes, et notre souci d'analyse, d'exactitude, dans celle-ci en procédait.

Tinan me rappelait souvent la phrase de Nietzche : « On n'aime vraiment que la femme dont on veut avoir des enfants ». Vainement lui objectai-je que je ne la sentais pas, qu'elle me paraissait plutôt un postulat presque philosophique, volontairement tel, qu'une réalité spontanée du sentiment et qu'après tout, s'il était vrai que la nature, en nous poussant à préférer une femme à toutes les autres, de tout notre être, poursuivait ce but, c'était en général sans que nous nous en rendions compte. Il répliquait : « En tout cas c'est une défense qui apprend à se réserver pour elle ». C'est plus tard, quand on a connu la vie en détail, que l'affirmation nietzchéenne prend sa valeur et son visage de raison en y ajoutant un charme particulier. En tout cas, si nous voulions vivre, sans doute parce que nous voulions le faire le mieux possible au point de vue de la norme dont nous cherchions l'excellence, nous discutions avec nous-mêmes et les choses; nous prenions, à la fois, connaissance et conscience de la vie avec une fougue difficile à maîtriser, qui comportait fatalement des abandons dont tous ne furent pas heureux, en même temps qu'une grande attention réfléchie, tant au point de vue physique qu'au point de vue moral et social, mal outillés pour préserver notre santé, — la bourgeoisie laisse les siens dans une ignorance pudique, absurde, — et pourtant cherchant à le faire, désireux de concilier les exigences de la jeunesse et les faiblesses de notre bourse plate avec les possibilités que la vie nous fournissait à travers les habitudes et les hypocrisies acceptées; cependant notre honnêteté presque candide les repoussait d'autant plus que nous y avions vu presque une faute envers notre ligne de conduite. Nous songions, — comme si nous prévoyions que nous le pourrions de moins en moins en avançant dans l'usage des femmes, — à ne pas laisser diminuer notre travail, l'application qu'il nécessite. La moins mauvaise maîtresse, par conséquent la meilleure, énonçait Tinan, est celle qui fait perdre le moins de temps. Nos premières tentatives n'eurent d'ailleurs rien de particulièrement délicieux. Je revois rue Monge, — des femmes s'y montraient aux fenêtres, — un entresol où une certaine Dora, très plâtrée, réalisait si peu pour nous, malgré notre désir, même au seul point de vue physique, ce que nous espérions et voulions de la femme, que notre répugnance désolée eut raison de notre élan, si violent qu'il ait été. « C'est pas toujours fameux, hein ! une femme, » me dit-il une fois sur l'asphalte, dans la rue dont l'air nous semblait pur et de délivrance. Mais, pour ma part, j'effaçais vite ce qui m'apparaissait une erreur : « Parce que nous ne savons pas encore... Ce n'est rien ! Nous avons frappé à une mauvaise porte. » Et comme deux jolies personnes passaient : « J'ai raison ; à nous de trouver celles qu'il nous faut. » Un instinct plus fort que toutes les tapes du hasard me certifiait au fond de l'être, avant la première expérience même, que là, et pas ailleurs, se cachait, difficile, incertain, dangereux, mais absolu, le secret du meilleur oubli et, je l'aurais juré quand même, du bonheur.

Nous nous affirmions très prémunis contre les collages. Le livre célèbre de Daudet avec la dédicace que nous traduisions comme tout le monde : « Pour mes fils, quand ils auront vingt francs » nous restait en mémoire. De telle sorte, qu'entre la fille, qui ne nous plaisait guère, mais que nous nous entraînions à trouver suffisante, et même au besoin, exquise, ce qui nous semblait une sorte de courage, et la jeune fille, pour laquelle nous entendions héroïquement garder notre cœur, mais qui était déjà la demi-vierge de Prévost, dont le livre venait de paraître, et qui nous indignait au fond de nous-mêmes à travers l'amusement attristé que nous prenions pourtant avec elle, nous ne trouvions le moyen de satisfaire ni notre chair, ni notre cœur. Et cela aussi nous semblait si sérieux, en dépit des sourires et des haussements d'épaules que nous constations chez les autres avec un étonnement où entrait beaucoup de tristesse en même temps qu'un secret mépris, que nous ne pensions pas que l'indifférence put être un remède ou, du moins, qu'il nous fut permis. Nous y réfléchissions souvent; outre que notre nature intime nous avertissait déjà qu'elle nous serait impossible à tous deux, nous y découvrions une capitulation misérable. Nous possédions, enraciné dans l'élan même de nos années de jeunesse, l'appétit, la volonté du Bonheur et du Bien; nous étions prêts à toutes les luttes, à toutes les ténacités pour les atteindre, puis les mêler. Nous estimions que cette vie, que nous aimions tant, non seulement dans les livres et les symboles, comme nos amis, mais dans les êtres vivants, nous devait de le réussir.

Je touche ici à ce qui nous sépara, Tinan et moi, de nos prédécesseurs littéraires de l'école dite symboliste et dont on trouvera tant d'exemples dans ses écrits — la *petite Sirène du Pont des Arts*, entre autres : « Comprenez donc qu'elles sont vivantes », — comme dans la dédicace qu'il m'inscrivit sur le premier exemplaire imprimé de « *Penses-tu Réussir* »! dont je donne ici le texte justement pour me — pour nous — faire bien comprendre : « A André Lebey. En l'honneur des romans vivants auxquels nous nous efforcerons côte à côte... Tu as commencé, voici le mien... qui d'ailleurs... A ton tour. Nous leur jèterons *(sic)* de la sincérité, de la chère *vie comme elle est*, que nous aimons tant que nous tiendrons debout — Et il faudra bien qu'à force de travailler, nous arrivions à fout' quelque chose qui *y soit*. Et n'oublions jamais que nous nous sommes montré nos premières pages, que nous sommes arrivés ensemble à sentir ce que nous voulions faire et continuons « la main dans la main »... c'est une métaphore — ça ne serait pas commode pour écrire. Je t'aime de tout mon cœur, Jean de Tinan. » — Les autres paraissaient redouter je ne sais quoi, ou même presque tout, de la vie, pour tout dire la vie elle-même; ils semblaient désireux de s'en abstraire afin d'accomplir leur « œuvre ». Nous n'en n'avions pas peur, quant à nous, parce que nous l'aimions et que le désir de la connaître mieux, de la posséder pour la faire devenir ce que nous pensions qu'elle devrait être, nous portait au même titre que notre appétit de penser et d'écrire. Nous savions bien que tout contenait un danger mais aussi, déjà, que rien n'est possible sans le don de soi-même et qu'à se méfier trop on risque de ne rien conquérir. Raisonnions-nous même autant ? En partie seulement. Quelque chose d'irrésistible, qui venait vraisemblablement de notre jeunesse, nous emportait. Il n'était pas jusqu'à notre tristesse devant plusieurs de ses résultats immédiats — et la mienne fut grande, persistante même, souvent, — qui ne nous incitât à maintenir cet élan afin de vaincre quand même.

Ceci explique d'une part, le « *Document sur l'Impuissance d'aimer* », le livre même qui portait ces lignes émouvantes, déjà un peu *Æmienne* et l'*Exemple de Ninon de Lenclos*, d'un stade plus cultivé, plus expérimenté, plus résigné aussi.

La vie court sous tout ce qu'il a écrit, parce que tout ce qu'il a écrit en vient. Il savait la posséder dans ses couleurs, ses nuances, et la préparation même de celles-ci. Il la sentait, la voyait, la pénétrait là où la plupart se contentaient de l'effleurer. Que de gens, que d'écrivains même, vivent et jugent vite, sans voir ! Le nombre de ceux qui regardent, ou savent regarder, est infime. Théophile Gautier assurait que sur dix personnes, huit ignorent la couleur du papier de leur appartement. Tinan savait le détail d'une robe, le ton d'un ruban sur la peau, retenait l'odeur particulière de chaque femme. Blanche-Marcelle a existé; c'était même son nom, de Quartier, du moins. On devine, on sait ce qu'elle fut, type tiré à de plus nombreux exemplaires que les plaquettes d'aujourd'hui, papillon de Bullier, phalène du Boulevard Saint-Michel, complaisance facile et douce. Il l'a dépeinte telle quelle avec ses cheveux frisés au petit fer, son air las, son teint pâlot, mais bien faite avec ses seins un peu lourds déjà, deux petites rides esquissées aux commissures de la bouche, jolie fille serrée à la taille dans sa chemise de soie voyante, sous son canotier, une belle petite putain, mais qui était tout de même une femme. La seule sensation qu'il me paraît ne pas avoir dite, ou du moins assez, peut être parce qu'il ne la ressentait pas autant que moi, c'est la passion irrésistible, la joie inquiète, angoissée, qu'éprouve dans tout son être le jeune homme qui regarde se déshabiller, déshabille et prend sa première rencontre. Navrante, sans doute, par la qualité de celle qui cueille cet éveil inouï, unique, et dont l'horreur même suffirait à montrer l'infamie de la civilisation moderne, ainsi que son insondable sottise, mais émotion prodigieuse, révélation véritable et qui, dans une certaine mesure, se renouvelle toute la vie, d'ailleurs, car à chaque âge c'est autre chose, — chaque fois même, — sauf, peut-être, que celui qui sait ne rien perdre dans l'ensemble de cette merveille à la douceur privilégiée, connaît de plus en plus qu'elle est la seule, non seulement de cet ordre, bien entendu, mais peut-être la seule, — la seule dans la grande ville, en tout cas, qui délivre autant. Sans doute fut-elle alors, et est-elle demeurée pour moi, parce que en toute femme, quelle qu'elle fut, par delà le regret de tout ce qu'elle rendait, de ce qu'elle rend toujours impossible, je voyais, je vois la femme, l'éternelle compagne qui marche à côté de nous, serait-ce contre, — et ce l'est presque toujours, — le seul repos dans la course, lente ou rapide, à la mort. « La femme nue, c'est le ciel bleu » a écrit Victor Hugo. La femme dont la simple réalité, c'est-à-dire le fait seul qu'elle est une femme, est tel qu'il n'existe rien qui remplace cela, ni qui puisse le remplacer, à moins qu'un jour, ce qui n'apparaît point vraisemblable, bien que l'extraordinaire le soit devenu, l'Hadaly de l'*Eve Future* ne se réalise. Dans la vaste cité de pierre, prenante et mauvaise à la fois, le cœur chaque jour plus écrasé sous le mensonge fatal, la chair vivante de la femme est le seul oubli. Sur le désordre et l'affaissement immenses de la guerre, elle seule reste debout, charmante, exquise, cruelle, avec la démarche du serpent et les pas de l'orgueil — selon les mots de la Bible — mais droite, belle, haute, long oiseau de luxe au milieu de la misère, gainée d'étoffes parfaites, la poitrine et les bras nus, ses longues jambes gantées de soie mince, le pied nerveux et cambré dans le soulier de plus en plus ouvert, comme le reste.

En dépit de tout, principalement d'elle-même, dont le cœur est indomptable, la femme sait faire germer, sans effort, dans l'homme, une espérance telle, — rêve absurde peut-être, sans cesse de retour et pavoisé, preuve de la force animatrice qu'elle détient, encore incalculée au fond, — qu'il ne peut pas croire qu'un jour il n'y éveillera pas une aile, un sentiment plus vrai, une mentalité encore inconnue. Quoi qu'elle fasse, il y revient en même temps qu'à sa chimère et, pour un temps plus lointain encore, pénétré d'une mentalité nouvelle dans une société différente, il médite de la changer tout en prenant soin de la bien garder femme, de la rendre plus femme, même et pourtant, de la rapprocher intimement, totalement, ce qui n'a pas existé encore dans le bonheur durable, de son cœur et de son cerveau. Il la voit alors revenir vers l'Eve primitive; au sein de la civilisation et du raffinement, elle retrouverait la Nature; elle serait celle-ci, telle qu'aux jours de la naissance du monde et, cette fois, sans possibilité de paradis perdu parce qu'elle se serait alliée enfin, plus tard, peut-être, à tout l'Esprit. L'Eglise elle-même, de son côté, dans sa tendance moderne, espère en elle, pas tellement d'une façon autre que celle dont l'esquisse se fixe ici; la béatification de Jeanne d'Arc apporte une preuve de ce penchant accentué; elle continue l'effort entrepris dès le début des aspirations chrétiennes. Au cas où, comme il est bien probable, dans sa réalité personnelle, dépouillée de nous-mêmes, elle ne serait rien de tout cela, ni à cette heure, ni demain, ni jamais, au cas même où elle ne l'aurait nulle part été à aucune époque, le fait qu'elle a permis cette fuite vers ailleurs, cette délivrance de soi, ce « dépassement », tous les plaisirs, des plus brutaux aux plus fins, des plus sensuels aux plus délicats, la maintient incomparable. Enfin l'explication démontrée de ces diverses impossibilités, la certitude absolue qu'elles sont même dangereuses pour qui n'a point maîtrisé la vie, fatales, mortelles, ne feraient encore que la rendre meilleure et plus saine; reléguée à sa place vraie, enfermée en son rôle, elle serait la femme, — la joie, débarrassée, de ce qui peut lui nuire, — le plaisir, libéré de ce qui risquait d'en troubler le bien-être. Qui dira, un jour aussi, ce problème de la femme, jamais solutionné bien entendu, comme le reste qui ne le sera pas non plus, mais jamais posé, ni entrepris à fond dans son ampleur, avec une vérité et une sincérité complètes, absolues ? Aucune œuvre plus nécessaire à l'avancement, et dans l'état où on le voit, au salut du genre humain. Comme le problème moral, au centre peut-être, de celui-ci, il est l'un des moyens les plus importants de l'équilibre. Ce n'est pas pour les assassins seulement que l'exclamation : « Cherchez la femme ! » demeure vraie et opérante. La question féminine domine toute la vie de l'homme et il n'y aura pas d'humanité supérieure, ou simplement meilleure, si elle se refuse de l'examiner sans hypocrisie. L'effort de la civilisation actuelle, qui apparaît à bout, a consisté à voiler, à cacher même le plus possible, le problème ; celui de celle qui se prépare doit tendre à le mettre, d'abord, en pleine lumière.

Tout cela, le pressentiment de la fatalité qu'elle prolonge sur toute notre vie, l'instinct de la grande bataille qui commence à travers une aventure banale, lutte où il faudra, faute de périr, être victorieux, puis le rester, l'immense délice de la découverte d'un être tout-à-fait autre que soi, qui tient en réserve tant de choses, toujours importantes, passionnantes, capitales, enfin cet éclair certain qui abstrait de tout, de la mort même, sans doute parce qu'il y ressemble et l'enseigne en la rejoignant par la volupté, voilà l'ensemble qui palpite sur l'adolescent comme en lui, qui le sacre homme, qui commence de préparer sa croix dans les premières initiations qu'il reçoit d'elle. Étonnant poème, profonde réalité, drame et comédie, clef de l'avenir qu'il faudra bien faciliter un jour, ne serait-ce qu'afin de préserver mieux nos fils et leurs descendants. D'autant que tout ceci, chez le novice courageux, exige à cet âge avec une violence qui le mène souvent ailleurs. Dans le cœur de l'homme, qui vaut plus que celui de la femme, toujours d'égoïsme, trop souvent affreux, la bonté demeure. Et pour le jeune homme, l'horreur de ne pas aimer celle qui, du seul fait qu'elle se prête, lui vaut tant, lui livre tant, ne se donnerait-elle même pas, le devoir de lutter contre soi, non seulement pour ne pas suivre le sentiment qui l'emporte, mais encore pour ne pas aller jusqu'à lui, forgent des métaux de premier ordre qui le trempent, rejaillissent ensuite en œuvres littéraires ou sociales. Il s'achemine ainsi vers la connaissance de ce qu'il faut être le jour où se rencontre celle qu'il peut aimer vraiment, totalement. Ce qu'il y a de ridicule dans certaines illusions, dans de vaines générosités, n'est pas perdu. Elles mènent plus loin.

Bien qu'aucune illusion ne fut possible quant à la jeune Blanche-Marcelle, — une séance chez Pierre Louÿs, rue Grétry, où elle avait figuré Danaë, ne laissait, notamment, pas de doute sur le naturel et docile instinct de vénalité qui la composait, — je me demandai longtemps si je ne devais pas l'orienter vers une existence meilleure, différente. Un billet de cent francs, — somme alors très importante — fut tour à tour destiné dans mon esprit à la traduction bien reliée des *Ennéades* de Plotin ou à la conversion de la jeune personne. « Décide-toi, achète vite tes livres, ils vont filer » brusquait sagement mon ami. Blanche-Marcelle me fournit les certitudes qui me faisaient défaut, les cent francs une fois entre ses mains, les dépensant joyeusement dans nos cafés mêmes — car ces messieurs et ces dames ont, en général, les leurs, — avec un petit jeune homme dont l'aspect extérieur, si j'ose dire, promettait beaucoup. Je l'ai revu depuis dans la mode où il s'était fait, à la fois, une situation pécuniaire solide et des relations honorables; il avait abandonné Blanche-Marcelle pour une femme plus jeune, ravissante, dont la collaboration discrète n'était pas étrangère à ces heureux résultats. Me reconnut-il tout-à-fait? Je l'ignore. En tout cas il me présenta de suite, avec un empressement immédiat, à celle qui portait son nom, et même une alliance. Car les hommes se retrouvent dans la vie, les crapules plus « arrivées » en général que ceux qui sont honnêtes, ou trop honnêtes, comme on dit, désormais à peu près couramment avec un air entendu, et j'ai souvent reconnu, dans tous les milieux sous de nouveaux costumes, les traits accentués, alourdis ou effacés déjà, un ancien visage du Quartier. Jamais cela ne m'est arrivé pour les femmes d'alors sauf quant à deux d'entre elles ; peut-être avaient-elles rajeuni ; ou leurs nouveaux milieux demeuraient-ils plus fermés ? « Les femmes chères, disait Tinan, sont les femmes jeunes qui ont vieilli. » Mais, de nos jours, les femmes ont cessé de vieillir ; l'eau de Jouvence d'un rêve volontaire, dont elles doutent si peu qu'elles le font partager aux autres, les immunise en les immobilisant, sans fin, dans les jardins dorés de la trentaine. — Je me suis demandé souvent ce que sont devenues nos amies d'alors. Quelle discrétion de leur part, comme elles nous auront moins brisés que d'autres, auxquelles nous avions tout donné et qui ont tout détruit ! La plupart d'entre nous sont devenus connus, soit dans l'art, soit dans la littérature, soit même, plus modestement, dans la politique ; or, jamais une demande — au milieu de tant de requêtes injustifiées, inouïes, — n'est venue d'elles. Mariées ? Trop changées, donc coquetterie ? Trop heureuses, donc prudence ? Remords, peu probable ? Pudeur, plus vraisemblable... Quoique... Regret envers soi-même ? Plutôt. Crainte d'ennuis ? Peut-être. Ou bien mortes... ? Où êtes-vous, Margot Devanture, la grande Juliette, que nous appelions l'Égyptienne à cause de ses épaules carrées, et vous Madeleine au long rire qui ne s'arrêtait plus, gloussant et saccadé, tel qu'on vous évoquait en disant : « Vous savez, Made, qui rit comme une poule ? » Vous enfin, Marie la Bretonne dont le corps doré, magnifique dans ses cheveux blonds, restait immobile et froid, au feu même du plaisir, qui faisait serrer vos dents, — vos dents, si belles, croqueuses de noisettes ? Etes-vous heureuses, enfin, ou bien ne l'avez-vous été qu'en ce temps-là, sans vous en douter ? On ne sait. On ne sait que votre silence.

Après une expérience salutaire, Tinan, accompagné alors d'une amie agréable qu'il a décrite — celle qui portait des robes, — une robe, serait plus exact — de pékin rayé noir et blanc — m'écrivait de la ferme Saint-Siméon, près Honfleur : « Qu'en fais-tu, décidément, de cette jeune personne, un roman, un conte, un drame, un essai, un apologue, un poème en vers libres ou en alexandrins, un rondel ou un sonnet, un manuel — ou, pire, hélas ! mon bon André ? » J'en fis un mauvais conte, que le *Centaure*, indulgent, hospitalisa, un souvenir doucement amer dont ma volonté enregistra la leçon, qu'elle n'écouta jamais. J'achetai quand même *les Ennéades* et ce furent elles qui me firent transformer l'initiative sentimentale en Ennoïa. — Blanche-Marcelle était bien mieux ! Jean l'a prouvé.

Nous eûmes ainsi plus d'une aventure instructive. Je me remémore très nettement l'une d'elles, dont l'héroïne fut la fille d'un de nos écrivains dont je tairai le nom. Elle vaut la peine d'être contée parce qu'elle aussi fera voir avec quelle franchise nous entreprenions ou cherchions la moralité de la vie, la moralité vivante.

A Bullier, — dans ce Bullier qui comme tout, n'était

pas sans tares, mais réunissait beaucoup d'agréments et qui me semble encore, depuis la guerre, le seul bal gai, parce que demeuré bal, et pas devenu « dancing » — un soir, nous rencontrâmes une petite blonde toute jeune, assez jolie, seule, obstinément, remarquable par sa jeunesse et sa gaucherie. Tinan, sa cigarette éteinte aux lèvres, l'aborda. Elle rougit, puis finit par accepter une « consommation ». A la table où il l'amena, elle rougit de nouveau, davantage. Questions banales, mais de plus en plus précises ; réponses évasives, gênées, de plus en plus vagues, de plus en plus oppressées, suivies d'un air d'assurance ; bientôt un « mais je suis ici pour rigoler ! » qui sonnait tout à fait faux. Nous nous regardions. Le silence devenait gênant. Tinan brusqua le malaise : « Je te ramène... où habites-tu ? » C'était si brutal que la petite ne put pas mentir : « Je n'ai pas encore de vraie chambre. » Il proposa la sienne. L'inconnue accepta. Elle marchait lentement entre nous, sans prendre le bras vide de l'un, ni de l'autre. Le trajet était court. Elle allait lentement comme pour prolonger ce qui se passait dehors. La porte ouverte, la curiosité reprit le dessus. Dès l'entrée dans le cabinet de travail plein de livres, ce fut un « Ah ! » de surprise craintive où il semblait entrer une sorte de satisfaction. « Qu'est-ce ? » demandai-je, « C'est comme... » et elle s'arrêta en nous regardant tous deux. Tinan, tendant des revues et deux volumes, lui proposa de rester là dans un fauteuil tandis qu'il me lirait son dernier chapitre. Elle s'installa, essaya des revues, des livres, en garda un et, pendant sa lecture, je remarquai qu'elle nous regardait en dessous quand elle ne se croyait pas observée. Nous semblions tous trois trouver tout si naturel et elle avait maintenant si peu de surprise sur le visage que nous ne comprenions plus. Les questions recommencèrent plus pressantes. Il était évident qu'elle n'avait rien de commun avec nos habituelles rencontres. « Enfin qu'est-ce qu'il y a ? » s'écria l'un de nous. Alors fondant tout à coup en larmes au milieu des sanglots, elle murmura, malgré elle, lasse, brisée : « Il y a... Il y a que c'est comme à la maison... » L'aventure était tout à fait nouvelle. Très délicatement, avec une sorte de sollicitude fraternelle de nature à lui enlever ses craintes, il s'efforça de la faire parler. Son mutisme recommençait. Touchée quand même, l'air d'une petite gosse avec ses cheveux blonds maladroitement arrangés, dans une robe très simple, très famille, — qu'elle aussi avait quittée, — sur laquelle tranchait une chemisette neuve au bleu voyant, électrique, elle finit par lui prendre les mains : « Oh ! soyez gentil, laissez-moi dormir toute seule... je dormirais si vous me promettiez de ne pas me toucher... » Et comme elle le voyait hésiter entre son émotion et la pensée qu'elle se moquait de lui : « Si vous saviez ! Si vous saviez !... Demain je vous dirai tout. » Elle reprit : « Oui, tout, je vous le jure. » Elle avait raison. Jean était pris entre la crainte d'avoir des retenues excessives à l'égard d'une aventurière et celle de commettre une bassesse. Il m'entraîna. Je lui conseillai vivement d'accepter : « Le danger, me dit-il, est là... Si je ne m'écoutais, je la borderais comme une petite fille, je lui ferais de la tisane, je l'embrasserais sur le front en lui disant bonne nuit... — Fais-le, lui dis-je.

— Me voilà passé nurse pour pensionnat de demoiselle en rupture de dortoir !... Vous me permettez tout de même, mon bon père ! de la déshabiller ? — Surtout pas cela, vous êtes frits tous deux. — Ainsi tu ne veux même pas me permettre le repentir ? C'est par jalousie de ne pas être à ma place. Eh bien, mon vieux, je regarderai par le trou de la serrure. » Puis, tandis qu'il m'éclairait dans l'escalier avec sa lampe pigeon : « Nous devenons idiots. Il ne nous reste plus qu'à écrire au général et à la générale Booth pour entrer dans l'Armée du Salut ! » Le lendemain matin, dès la première heure, il était chez moi. « Tu sais qui c'est ! Énorme, vieux, je te le donne en mille : la fille de X... oui ! oui, frère, notre X..., que nous admirions tant... ça te l'arrête... ! Et pas de doute possible ! »

La fille de l'écrivain que nous estimions un maître dont les œuvres souvent nous avaient paru si proches de nos propres recherches ! — Il me conta qu'après avoir voulu quand même l'amener à coucher avec lui, — « pour le principe » — il avait eu conscience qu'on ne lui mentait pas, et qu'il fallait s'abstenir. C'était aussi le meilleur moyen de tout savoir, puisque l'autre ne réussissait pas, ne devait même pas être tenté. Sa réserve entraîna les confidences promises. Elle était partie afin de se soustraire à une existence infernale, causée par l'orgueil et le despotisme paternels. Toute la vie lui était subordonnée; malgré cela, il ne se montrait jamais satisfait, d'un égoïsme absolu, sans cesse autoritaire et méprisant, incapable d'affection pour les siens. « Elle m'a décrit son état d'irritabilité les soirs où il faisait préparer son habit pour dîner en ville, la façon dont il exerçait sa tyrannie, jusque sur les dépenses qu'il trouvait toujours légitimes pour lui, exagérées pour les autres... C'en est incroyable ». Il me le semblait aussi et que d'autres curiosités, même si une partie de ces choses, réduites à une mesure plus moyenne, étaient véridiques, l'avaient décidée; il n'était que de réfléchir au métier qu'elle préférait à ces tristesses, qu'elle avait du moins, la certitude de voir finir un jour, pour s'en convaincre. « Je le lui ai dit, me répliqua-t-il, elle m'a répondu — trop du tac au tac, peut-être, — que le fait même qu'elle se refusait, qu'elle ne pouvait pas, démontrait le contraire. Elle aurait pris sa décision sans même la prendre, pour fuir une vie chaque jour plus odieuse, sous l'impression d'une scène spécialement injuste qui l'avait acculée au coup de tête, décidée à n'importe quoi plutôt que de continuer un tourment continuel. « Qu'est-ce qu'elle va devenir ? lui dis-je. — C'est ce que je viens te demander. »

Elle ne voulait rentrer à aucun prix, épouvantée littéralement, en outre, à la pensée de ce qui l'attendait. Après bien des réflexions, il nous parut que le mieux serait de lui offrir l'hospitalité tout en nous mettant à la recherche d'une pension de famille et d'une occupation qui pourrait lui permettre de vivre. Le devoir était aussi de prévenir les siens. Jean hésitait. « Si elle dit vrai ! Si vraiment son père la gifle et la bat ? » Il me paraissait que c'était impossible et qu'elle mentait. « Tu ne te doutes pas de son accent, m'assurait mon ami, des précisions qu'elle apporte... Au surplus, elle nous attend. Je lui ai appris qui tu étais... Elle a tellement horreur de son père, que sa crainte est, justement, que nous ne le prévenions, parce qu'homme de lettres comme lui; sans cela, elle aurait toute confiance en nous; j'ai dû lui promettre que nous ne ferions rien sans l'avertir et c'est à cette seule condition qu'elle est restée. Si tu avais vu sa tête quand elle a eu repéré les bouquins paternels, dont l'un avec dédicace ! » Quand nous arrivâmes, l'oiseau s'était envolé. A même la table, un mot signé de son petit nom, au bloc-notes placé par elle sur le buvard central : « Pardonnez-moi; je sens que vous êtes chez lui; je ne vous oublierai pas. Merci. Maintenant je vous embrasse un peu. »

Il nous parut qu'il n'y avait plus à hésiter.

Mais, le papier à lettres devant nous, la petite absente, la littérature réintervenait. « Si elle dit vrai, le père va être furieux, encore plus contre nous, qui n'avions pas, nous surtout, à nous fourrer dans cette affaire, que contre elle, qui lui serait revenue seule, pensera-t-il même bientôt, si elle ne nous avait pas rencontrés; nous serions les criminels par qui la chose pourrait se savoir, alors qu'autrement il n'en aurait rien été. » Je le croyais moins possible encore que les récits de la jeune fille. « Toi, tu ne comprends rien à rien parce que tu juges toujours les gens à notre image, alors que nous sommes des exceptions et des phénomènes, oui des phénomènes, n'en doutes pas une seconde... Bah ! si elle dit vrai, l'heure est venue d'en être sûrs; si c'est un salaud en dehors de son génie, je ne serais pas fâché de m'en rendre compte. » La lettre débattue puis écrite, habile, autant que je m'en souviens, de nature à lui donner en même temps que la joie de l'enfant reconquise, — il ne tenait qu'à lui en effet, — l'apaisement sur ce qu'elle avait risqué, de manière aussi à ménager sa susceptibilité de maître vis-à-vis nos jeunesses, nous prîmes un fiacre, luxe assez rare, nocturne, en général, quand nous allions en bande de l'autre côté de l'eau, à Montmartre, et l'éditeur nous donna l'adresse. Il était sorti. Nous laissâmes la lettre. Le soir, Tinan revint avant dîner. Il avait vu le Maître deux longues heures. Il était stupéfait. «Très ému, évidemment, il m'a semblé qu'il l'était surtout pour lui. « Qu'est-ce qu'elle vous a dit ?... Enfin, dites-le moi. Qu'est-ce qu'elle vous a raconté?... Car elle est folle et très menteuse. » Il y revint à de nombreuses reprises, insistant d'autant plus que je l'assurais du silence de sa fille sur ces questions et qu'elle m'avait seulement avoué, sans détail, le manque de bonheur trouvé près des siens. Je lui ai donné, d'autre part, toutes les garanties. Je dîne avec lui tout à l'heure et il m'a prié que nous la cherchions seuls ensuite. Je lui ai juré ta discrétion comme la mienne mais il m'a prié de te dire qu'il valait mieux que nous nous en occupions sans toi ; il m'a même laissé entendre que j'étais déjà de trop... Il a prévenu la police ! » J'étais abasourdi : « Pas une fois il ne m'a interrogé sur la mine, ou la santé de son enfant, sur son état ; il ne m'a pas demandé si j'avais le sentiment qu'elle ait rencontré quelqu'un avant nous et comme je lui indiquais, à peu près, l'heure où nous l'avions connue afin qu'il pût mieux reconstituer tout ce qu'elle avait fait, il se ressaisit : « Enfin, le destin m'éprouve encore, car ce n'est pas la première fois ; mais puisque dans mon malheur j'ai le bonheur de vous avoir, oublions un instant ce à quoi nous ne pouvons rien jusqu'à tout à l'heure, et dites-moi à quoi vous travaillez... »

Le lendemain Tinan achevait ma stupeur. Tout en cherchant sa fille à travers les divers endroits, dits de plaisir, du quartier, le Maître avait tenu des discours esthétiques et philosophiques de la plus grande beauté; supérieur à la mauvaise fortune, certain qu'elle cesserait bientôt, d'autant que deux inspecteurs de la sûreté s'employaient aussi, l'écrivain avait expliqué les raisons de son matérialisme spiritualiste ainsi que celles de ses jugements sur la littérature d'hier, d'aujourd'hui et de tout à l'heure, comme dit Charles Morice, ricanait Jean, amer et gouailleur. Pour se mettre à couvert, il avait aussi ajouté quelques traits accentués aux mauvais côtés de sa fille : « Qui ment des deux ? — m'écriai-je. — Les deux, sois-en sûr, mon innocent ! » répliqua-t-il.

La fille de X... fut retrouvée un jour après. Son père, venu pour remercier Tinan, lui dit sa décision formelle de la mettre soit dans un couvent, soit dans une maison de correction. « Je lui ai conseillé la maison de correction, s'il voulait la voir tourner au pire dès sa sortie, et le couvent, s'il préférait la voir devenir mal plus lentement mais, peut-être, plus profondément; après avoir ainsi affolé ce « laïc », comme on dit, content de ne pas me voir croire aux choses religieuses mais surpris, peiné même — il fallait bien qu'il eut enfin un peu de chagrin — de constater le même scepticisme envers l'antidote, je lui expliquai que rien ne remplaçait la famille — ce dont j'étais un exemple parfait. Il a tenu bon pour la maison corrective : « Son escapade indigne m'en donne les droits » disait-il. Et il avait l'air d'un chinois épaissi avec sa barbiche noire complétant son teint un peu jaune ». Tinan regrettait notre vertu, qui préparait peut-être, à cette heure même, un autre genre de malheur, de la souffrance en tout cas pour Mlle X. N'aurions-nous pas dû la laisser suivre sa destinée ? J'opposai que l'écrivain avait parlé dans le premier moment, mais qu'il ne pourrait jamais se décider à une séparation aussi cruelle. Tinan ne le croyait guère. « Tu verras que de là, ou d'ailleurs, même de chez elle, elle ne nous enverra jamais un mot, pas plus que le père, au surplus, et que les deux, réconciliés une fois qu'elle aura fait fortune, soit par la prostitution, soit par un beau mariage, ce qui revient au même, nous en voudront. J'aurais bien mieux fait de la... Elle serait arrivée plus vite à cet état normal, conforme à la nature, auquel toutes les femmes parviennent, sauf les épouses de Jésus-Christ et les émules de « sainte Catherine », qui d'ailleurs... En peu de temps, elle aurait pu faire une cocotte de haut vol, surtout si, changeant pour un temps nos instincts, dont les dons apostoliques se tournent trop vers le bien, nous les avions orientés vers le mal, carrément, sur les traces du joli petit ami de Blanche-Marcelle, afin de la conseiller. Mon père, qui nous reproche noblement d'avoir des amies inférieures, — comme si nos bons parents nous donnaient de quoi en avoir d'autres, sans ce déshonneur glorieux auquel je voudrais nous voir nous entraîner, — aurait, en ce cas, été la voir avec nous, à côté de nous, sur la scène de ses triomphes, où elle nous aurait fait admirer ses diamants, ses perles, ses jambes, et le reste, — surtout le reste, — puis nous aurions été songer en compagnie de ton ami Jean Lorrain, dans son hôtel trop modern-style. Nous aurions même recouché avec, de temps en temps, à tour de rôle, et cette histoire charmante, devenue bien parisienne, eut aidé à la vente de nos livres, qui ne se vendront jamais que quand nous ne serons plus... » Notre dîner touchait à sa fin. « André, la vie est infecte, mais ce dîner fut bon et ce cigare que j'allume tire bien; il est exquis. Il est meilleur encore du fait que mon père croit sa boîte inviolable, à cause de son petit cadenas, Kirby Beard, dont il ignore que je possède la seconde clef. Faisons serment, toi et moi, de ne plus lire la Bible, d'apprendre l'hébreu moins encore, mais de traduire l'Ecclésiaste mot à mot, de donner de cette traduction, qui sera unique, un tecte incomparablement sonore, excellent à hurler d'une voix monotone les soirs de mélancolie. Jurons aussi d'être morts à vingt-cinq ans ! » Nous commençâmes en effet, une traduction de l'Ecclésiaste que nous voulions faire précéder d'une préface au nihilisme effroyable sur l'inutilité de tout. Dans le même ordre d'idées, nous méditions un conte qui nous avait été inspiré lors de notre dernière visite au Sar Peladan. Il habitait rue de Babylone un rez-de-chaussée modeste où quelques chemises, derrière un rideau flottant, complétaient la bibliothèque, des livres et des papiers, un long portrait de Séon; mais, dans cette misère, il recevait des amis fastueux. L'un d'eux, de l'Amérique du Sud, bien entendu, faisait suivre son nom sur ses cartes, de la lettre R — Rex :

c'était le dernier roi des Incas. Il était plein de récits invraisemblables dont l'un évoquait au fond des forêts natales, par delà des mille et des mille, sous l'impénétrable voûte d'arbres immenses, la cité de la Mort, où les pèlerins se dirigeaient un à un, mais nombreux, afin d'écouter des prêtres musiciens qui faisaient entendre des sons si mélancoliques en jouant d'une flûte étrange dans de mystérieuses amphores de terre sombre que, peu à peu, possédés, puis transformés par cette harmonie progressivement funèbre, bientôt exigeante, enfin formelle et impérative, les nouveaux arrivants ne pouvaient plus consentir à la vie, puis, inclinés doucement vers le suicide, se frappaient avec joie, sans regret.

Nous ne travaillâmes plus ni à ce conte, ni à la préface, ni aux litanies du prophète biblique, mais à nous inculquer la certitude des vérités lamentables auxquelles nous avions rêvé de valoir un relief particulier dans ces trois œuvres décisives, dignes de notre grand désespoir. Si l'idéal qui demeurait le nôtre ajoutait à ses racines en nous-mêmes, il nous paraissait de plus en plus impossible de le planter dans les champs ou dans les jardins de la vie, même au secret le plus profond de ses bois noirs afin d'en laisser balancer l'ombre, serait-ce de loin, sur la réalité.

Huit jours après, en remettant les livres de X... sur un rayon de bibliothèque, à leur place, Tinan murmurait : « Ce grand psychologue, qui se pique, par-dessus le marché, d'être un moraliste, aurait tout de même pu m'envoyer une première édition en papier japon pour me dire merci ! » Mais les grands hommes sont ingrats comme les grands souverains. Nous publiâmes, au *Centaure*, le beau poème par lequel Hérédia sut saluer le fils d'Alexandre III et l'empereur n'envoya pas le plus petit cordon, fut-ce de 20e classe au bon poète dont les vers l'avaient fait Dieu :

« *Tsar, regarde tourner le globe dans ta main !* »

Il y a tourné trop longtemps...

Après un arrêt chez Gougy, le libraire du quai Conti dont nous aimions l'accueil et les livres, auquel nous proposions par ailleurs, vers la fin du mois, des exemplaires de nos plaquettes sur grand papier, nous descendions, le printemps et l'été, comme au début de l'automne, dans le petit jardin triangulaire qui termine l'île de la Cité. Il est généralement vide; les bancs s'offrent. Nous y restions longtemps. La statue d'Henri IV, doucement équestre à travers les arbres, placée, dit-on, à l'endroit même où s'éleva l'échafaud de Jacques Molay, Grand-Maître des Templiers, grandissait dans le soir en paraissant protéger nos conversations. La journée de travail finie, elle se prolongeait avant le dîner, toujours tardif, soit à la *Côte d'Or*, soit chez François, ancien gérant du d'Harcourt, qui s'était installé à son compte rue Cujas et que j'ai redécouvert ensuite, rue de Bourgogne, sous le nom romain de Marius, accueillant aux parlementaires comme il l'avait été aux hommes de lettres, soit aussi, au *Panthéon*, alors dans le neuf de ses ors autour des peintures fraîches de Numa Gillet, que nous avions connu à Marlotte, non loin de chez Armand Point, dont l'atelier nous accueillait parmi ses toiles, ses coffres et ses bijoux Renaissance pendant une quinzaine de fugue à Montigny-sur-Loing. De rares fois, le bouillon Duval de la place Saint-Michel ou le Boulant « pour reprendre l'atmosphère bourgeoise » assurait Jean, sans que j'aie pu bien comprendre en quoi ces lieux la lui procuraient.

Notre amitié n'avait cessé de grandir; elle présentait pour moi une confiance, une certitude dont je goûtais de plus en plus l'inappréciable bienfait. Tinan était délicieux, toujours véridique, et cette extrême sensibilité, qui le rendait, quelquefois, agaçant aux autres parce qu'elle le menait, quand il souffrait d'eux, à une ironie souvent précise jusqu'à la cruauté, bien qu'elle restât toujours bonne en son fonds, à un point dont il était impossible de douter dès qu'on l'avait compris, le faisait unique dans l'affection. Il n'explorait jamais rien qu'avec tout son cœur; il ne rudoyait que pour le bien, quand il sentait un tel remède nécessaire. Très simple, très naturel, penseront certains. Non pas. Quoi de plus difficile que les rapports quotidiens, durables, entre hommes de lettres dont la sensibilité, poussée déjà naturellement au bout d'elle-même, s'exalte si vite, à en devenir maladive ! Ils s'étudient, en quelque sorte, à travers leur sentiment même, sans parler, chez d'autres, de la bataille des livres devant le public, car pour nous, elle n'exista jamais, sinon dans l'émulation; à aucune seconde, la simple possibilité d'un sentiment de jalousie ou de nervosité n'aurait pu intervenir. Trop d'affinités de jugement, de goût, de sensation, à travers nos différences, qui étaient fortes, presque opposées, nous unissaient. Nous nous retrouvions toujours; nous en avions besoin. Cela nous arrivait aussi au milieu des autres, instantanément, à un mot, à une phrase, et nos yeux, en silence, nous assuraient l'un l'autre que nos jugements se rencontraient pour le même verdict, pour une peine ou une joie égales, l'indignation ou l'ironie semblables. Aucune rivalité n'aurait pu se glisser en nous-mêmes, elle n'aurait trouvé place ni dans notre cerveau, ni dans notre cœur. Je revois, en retrouvant tous ces souvenirs, notre allégresse devant l'article de Coppée qui décida du succès d'*Aphrodite*. « Ça y est ! Pierre est lancé ! » Et il s'exclamait : « Le père Coppée ! le vieux concierge pour bonnes sœurs ! Je n'aurais jamais attendu ça de lui. A la bonne heure ! C'est tout de même un bon type ! » Nous haïssons — le mot n'est pas trop fort — ses vers, sa prose, ses « tendances », son « ton », toute son œuvre, enfin, de toutes nos forces; il nous apparaissait même, littérairement, une sorte de criminel qui concentrait nos mépris hautains. Nous avions applaudi à l'article de Régnier paru dans la *Revue Blanche* sur « la tête de M. Coppée », et qui était dur.

Nous vivions encore l'âge heureux où nulle liaison du cœur ou des sens — comment trouver les deux en une seule femme, c'est-à-dire le bonheur ? — n'avait pu nous restreindre dans cet échange régulier de l'esprit fraternel. J'avais bien laissé voir déjà quelque préférence prolongée, excessive, pour une fille ravissante d'Israël, qui avait changé son nom d'Estelle en celui de Stella sans parvenir à modifier de même, ni si facilement, ni si vite, le caractère effroyable qui rendait trop souvent difficile, pénible même, le commerce agréable de ses autres charmes, l'amitié, après une éclipse dont ma belle amie fut seule la cause en même temps que la vigilante prêtresse, garda le dessus. D'une patience inouïe, Tinan avait d'abord tout supporté, puis, l'aventure devenant volcanique dans ses éclats, qui étaient fréquents, il avait courageusement attaqué l'ennemie à la fois en sa personne et dans celui qui l'avait préférée. « Souviens-toi de Blanche-Marcelle, me disait-il ; tu as un goût certainement fâcheux pour l'apostolat superflu. » Rien de plus exact. Pierre Louÿs devait écrire un livre afin de m'en dissuader et, si possible, m'en guérir, son chef-d'œuvre peut-être, *La Femme et le Pantin.* Tinan m'exhortait donc de toutes manières. « Ton pétrole de luxe est odieux ; son nom même est ridicule ; quant à ses scènes, elles te rendent absurde aux yeux de tous, qui se fichent de toi... je n'aime pas que mes amis deviennent grotesques. » Et d'un air furieux. « Elle t'empêche de travailler ; tu ne fais plus rien ; tu gémis élégiaquement dans des vers mauvais et, quand vous êtes brouillés, tu lui écris des lettres interminables auxquelles elle n'entend goutte, mais qu'elle montre à tout le monde... Tu devines avec quels commentaires de rigolade on les lui explique... Tu nous désoles ! » Et je sentais, en effet, dans notre petit groupe du soir qui comprenait avec Pierre Louÿs, Ferdinand Herold, Henri Albert, quelques autres jeunes gens oubliés ou passés au journalisme comme Fernand Destain, dont on sait et suit les articles faciles, pleins de bon sens, à la *Dépêche de Rouen* — une muette réprobation qui me rendait d'autant plus malheureux que je la reconnaissais, en mon for intérieur, légitime. Il ne pardonnait pas à cette femme, quant à lui, de me voir souffrir, de constater que cette souffrance idiote m'arrachait à moi-même, à mes progrès précédents dans l'art de vivre et d'écrire, peut-être à ma santé; il ne pouvait l'admettre. Furieux à la suite d'une scène épouvantable qui avait duré en plein Moulin-Rouge, où nous allions quelquefois pour compléter Bullier, il ne se contint plus. « Si tu la revois, je la fais emballer ! Ma parole tu n'es plus le même. Elle t'a transformé... Elle te videra ! » Il s'inquiétait de ma mine, oublieux de la sienne, déjà si mauvaise, en ami, dont la blague toujours réapparue ne cachait pas le sérieux passionné d'un cœur vigilant. Son insistance risquait de nous brouiller, car il se rendait compte que, pour la première fois avec une violence dont jusqu'alors, m'avoua-t-il plus tard, il ne m'aurait pas cru capable à cause de ma raison, ce qu'une femme peut devenir pour un homme, venait de m'être sinon enseigné, du moins fortement esquissé. Or, il effaça l'esquisse. Mon « pétrole de luxe » coula vers d'autres lampes, consuma d'autres mèches, qu'elle brûla sans doute à leur tour, et mon chagrin passa vite, appuyé sur son amitié compréhensive, guéri bientôt par elle. « Tu as fait un conte de l'autre, si tu faisais un roman de celle-ci, pour t'en débarrasser définitivement. » Car il se méfiait d'un retour possible. Mais non, je la mêlais à tant d'ombres déjà. L'heure n'était pas venue d'une histoire d'amour et, après une tentative infructueuse que je déchirai, j'en fis de l'oubli. J'étais de retour sur le sentier de la sagesse. La littérature — que nous mettions de choses en ce mot, je ne le rappellerai jamais assez ! — nous tenait sans cesse en éveil; elle nous prenait et nous reprenait sans fin et nos antennes tâtaient constamment aussi ce qu'elle était susceptible de faire éclore. Il n'était guère de nouveau livre dont nous ne prissions connaissance; nous nous prévenions, de peur d'une lacune. « As-tu le dernier Gourmont, le dernier Rosny, le dernier Adam ? » Nous distinguions dans ces trois écrivains les maîtres du lendemain et Paul Adam nous était le plus sympathique. Le *Conte Futur*, paru à *l'Art Indépendant* et qui célébrait, je crois, la disparition certaine de la guerre, *Soi* et le *Mystère des Foules* nous avaient enchantés. Nous estimions injustes les ironies en vers de Tristan Bernard, que nous admirions aussi, autrement, sur ce dernier ouvrage. Adam habitait alors avec sa mère un rez-de-chaussée rue de la Faisanderie. Il nous y reçut, à notre première visite, dans une pièce tout à fait nue, sans livres, devant une petite table où il n'y avait que du papier, un encrier, des plumes, et un chandelier à deux branches, en toc Louis XV, avec écran vert. Il n'écrivait qu'aux bougies, nous dit-il. Il parlait d'abondance assez solennel, drapé d'une robe de chambre, déjà robuste comme s'il évoquait l'auteur de *La Comédie Humaine* dont Rodin avait commencé la statue qui fit scandale. « Eh bien ! se demandait Tinan une fois sous les arbres du bois de Boulogne, sera-t-il notre Balzac ? » Il paraissait en douter, un peu déçu par notre visite. Il se promettait d'acquérir le *Thé chez Miranda*, une de ses premières œuvres, en collaboration avec Moréas, afin de préciser son jugement. — Aux mardis du Mercure de France, alors rue de l'Échaudé-Saint-Germain, même étude des êtres et de leurs œuvres, toujours avisée, presque toujours juste dans ses critiques et ses louanges. Tinan fut un des premiers à deviner Maxime Dethomas, ce grand artiste probe auquel nous devons tant de choses remarquables comme illustrations et décors. Il habitait alors à Montmartre, non loin du Rat Mort, un atelier aménagé déjà dans le goût si sûr, personnel et parfait, que connaissent ses amis et dont son petit hôtel de la cité des Ternes accumule les preuves. Il adorait, comme nous tous, Toulouse-Lautrec, qui lui dessina la couverture de sa Ninon; nous avions fait partie, presque aussitôt nos premières rencontres, de la petite bande qui l'entourait avec Paul Leclercq dont il illustra aussi les charmants *Jouets de Paris* en fixant sur la couverture en costume de fantoche, son cousin, l'excellent et étonnant docteur Tapié de Celeyran entre les bras duquel il devait mourir, enlevé par une fluxion de poitrine. Il avait indiqué à Henri Albert, pour son *Pan*, le pauvre petit Delcourt, plein de promesses, qui s'était mis à tailler le bois un des premiers, tué depuis à la guerre; il aimait sa manière frustre et rustique; il me semble bien que ce fut lui qui le recommanda également à Alfred Jarry. Nous nous rencontrions fréquemment avec Albert, flanqué d'une muse platonique, bizarre, courte et boulotte, alsacienne, assurait-elle, Fanny Zœssinger, qui fréquentait aussi Léandre, habitait à Montmartre un appartement exigu, primitif, et assurait y prendre des tubs dans une terrine plus petite que son derrière, mais assez grande pour laver le bout de son nez minuscule et en trompette. Avec ses robes d'une seule pièce comme un fourreau, sans encolure et sans taille, sa toque de loutre, elle symbolisait assez bien les esthètes féminines — j'allais écrire féminins — de cette époque. Albert quant à lui, occupait rue des Beaux-Arts un logis bizarre, trop grand, et dont deux pièces seules, étaient meublées; il y recevait dans une vaste pièce à renforcement noir, tendue d'andrinople délavée, où Jean assurait en riant qu'il invitait Papus et autres nécromants afin de s'y livrer à la pratique de la Magie. Il n'en était rien. La seule qu'il nous révéla fut celle du *Centaure* dont la naissance, puis la mort inattendue et brusque, au bout de deux numéros, y fut décidée par lui, puis ratifiée en commun sur sa demande impérative. Notre magazine me rappelle la charmante phrase de Barrès sur les galeries de l'Odéon dans la plaquette du Quartier Latin : « Ils sont là une dizaine qui fument, avec quelle exquise maladresse, des cigares de dix centimes allumés en cuillère; ils ricanent et l'on dit qu'ils vont fonder une revue. » Henri Albert était sérieux jusque dans ses folies; il ricanait, Méphisto familier, racorni sur lui-même. Fortement bronchiteux, un jour nous le trouvâmes, avec Tinan, occupé à confectionner un cataplasme savant dans la voilette d'une relation amoureuse qui l'avait oubliée chez lui et qu'il nous tira glorieusement d'un coffret, où des fleurs sèches, un peigne irrégulier, quelques lettres, des épingles à cheveux et un étui de papier Balme mêlaient leurs souvenirs. — Nous nous retrouvions tous ensemble au théâtre de l'Œuvre dont nous ne manquions ni les répétitions générales, ni les premières. Le rôle qu'y joua Lugné-Poë fut considérable et il ne me semble pas qu'on lui ait assez rendu justice. Ce courageux propagandiste, d'abord avec Berthe Bady, ensuite avec Suzanne Desprès, fut, après la tentative de Paul Fort, le seul alors qui tenta de remonter le courant si fréquemment inférieur et médiocre du théâtre contemporain. Je le revois, encore un peu primitif avec des moyens de fortune, brandissant un cœur de flanelle rouge au bout d'un glaive, dans l'Anabella de John Ford, puis, plus au point, parvenu à la plénitude de son talent, dans sa série de pièces scandinaves. On lui doit beaucoup, notamment Tristan Bernard, Mæterlinck, Bataille et d'autres, qu'il contribua tant à faire connaître. Les soirées de l'Œuvre réunissaient l'avant-garde d'alors; on y était chez soi dans les vastes couloirs d'où l'on entendait l'orchestre du casino de Paris qu'on rejoignait pendant les entr'actes, et qui, quelquefois même, nous gardait. Le théâtre des Arts, le Vieux Colombier, Gémier ont continué, à leur manière, qui est autre, la résistance nécessaire qu'il installa. — De suite, bien avant *Ubu Roi*, dont la représentation, où Jarry préfaça sa pièce d'une conférence que scandait son étrange tête ronde et blafarde, resta fameuse, Tinan avait retenu l'étonnant auteur des *Minutes de Sable mémorial*. « Sa fantaisie nous dépasse tous » expliquait-il à ceux qui craignaient d'en être dupes et lui résistaient encore. Nous allâmes plusieurs fois nous initier à elle dans le local fantaisiste et inattendu qu'il occupait boulevard du Port-Royal. Un hibou, un « zibou », comme disait son maître, y voletait librement en laissant tomber de son bec, au hasard, un morceau de mou qui faisait floc en collant au plancher; et il y avait une sorte de mystérieuse correspondance entre la tête noire de l'oiseau et la lune pâle de son directeur de conscience; leurs yeux singuliers semblaient éclos dans les ténèbres d'une même forêt walpurgique. — Il adorait Marcel Schwob, qui nous le rendait et dont les conversations à l'érudition impeccable s'accompagnaient d'une pénétration intellectuelle particulière, aussi personnelle par les aperçus que par les tableaux qu'il en donnait. — Nous allions enfin chez Gustave Kahn, alors rue Vignon, dont *les Palais Nomades*, célèbres, étaient depuis longtemps épuisés. Une énorme lampe-poêle à pétrole, au gros verre rouge sous la table ronde de tôle, chauffait plus ou moins l'appartement. L'accueil était la cordialité même. Où ne nous rendions-nous pas, d'ailleurs ? Il m'avait mené peu de temps après notre première rencontre, chez Félicien Rops dont son père possédait toutes les eaux-fortes complètes, dans des états magnifiques. Lui aussi habitait un domicile assez étrange, rue des Blancs-Manteaux, je crois, avec de nombreux animaux; derrière la presse et les planches, sur le fond de l'atelier très encombré, deux silhouettes de femmes jeunes, qui rappelaient dans leur allure et leur visage, celles de ses œuvres si prenantes, passaient quelquefois, discrètes aux visiteurs, sûres d'être et de rester les reines de leur maître, — les deux sœurs, disait-on, tout au moins dans le quartier. Rops encore d'aspect assez jeune et solide, qui devait mourir pourtant bientôt, venait de faire le frontispice de l'*Impuissance d'Aimer* — à mon vieux Jean de Tinan, son jeune ami F. R. — qui n'était ni une de ses œuvres les meilleures, ni une des plus vigoureuses, mais à laquelle s'attachent pour moi tant de souvenirs que je ne saurais la regarder sans émotion. Je l'aime pour la voir à travers eux. A un de nos autres pèlerinages, il me donna une de ses pointes-sèches les plus belles sur japon, comme on n'en trouverait plus, sans doute, et où il inscrivit de sa main, le texte d'une des Homélies de Saint-Basile : « O jeunes ! Habituez-vous à voir le sourire de la Mort sur les lèvres des femmes qui vous sourient le soir au seuil des maisons de Césarée ! » — Cela s'accordait à merveille avec mes études, plutôt superficielles, sur la philosophie alexandrine, qu'avaient suscitées les *Ennéades* de Plotin.

Jamais las, jamais blasés, nous repartions pour fouiller toutes les réserves de la vie contemporaine, aussi curieux dans le domaine des êtres — c'était, sans doute, là notre différence d'alors avec la jeune école — que dans celui des idées, des symboles et des formes d'expression littéraire. Le monde seul nous rebutait. Nous y allions le moins possible. Nous nourrissions à son égard une méfiance instinctive; Tinan, surtout, l'exécrait. Venu à Dieppe pour un court séjour, au Chalet des Falaises, et demeuré plus longtemps que je ne l'avais supposé tout d'abord, à cause d'une jeune fille aux cheveux d'or, légers et beaux sur des yeux magiques au large cerne de rose-thé, je reçus de lui, auquel je racontais ma vie nouvelle, mes sorties du soir, au casino comme ailleurs, mon smoking, — chose toute nouvelle, — une lettre sévère, impérieuse afin de me mettre en garde. Elle était fort belle, juste et dure; le jour où ses amis, qui devraient se réunir pour le faire, publieront sa correspondance, on verra que je n'exagère rien (1). Il y voyait un

(1) En attendant ce jour, je l'ai donnée ici.

des centres les plus sournoisement actifs de la corruption intellectuelle et morale, le dissipateur des énergies et des talents, — il me donnait l'exemple de Bourget, — l'ennemi le plus dangereux de la Vérité par le côté naturel de coutume, d'usage et de bon ton nécessaire qu'il procure au factice. C'était le Mensonge devenu Honnêteté, Honneur et règle doucereuse. Tout son atavisme protestant avec ce qu'il comporte de solide et de vrai, de rationnellement chrétien, s'était soulevé en lui pour dicter à sa conscience ces pages enflammées; un peu de littérature s'y mêlait aussi; plus encore de sollicitude attentive et dévouée. Il avait certainement raison et, sauf s'il s'agit d'y voir un être qui ne se rencontre que là, je ne vais pas plus dans le monde que je n'y allais alors, moins encore, décidé peut-être même à ne plus m'y rendre du tout, s'il persévère dans ce qu'il est devenu. Le malheur est que le monde existe et que pour le vaincre, il faut le connaître. En savoir, jusqu'en son arrière fond, le maniement et la pratique, reste encore le meilleur procédé pour qu'il ne vous entame, ni au dehors, ni au dedans; y passer impeccable en soi, comme dans son habit noir qui vous y enferme dans son deuil et le vôtre, sous l'armure de la chemise glacée à la cravate blanche et à la perle pâle, cuirassé de ses souliers vernis et de ses cheveux collés, voilà la règle. Il ne faut s'interdire aucun des milieux où bat une parcelle de la vie, et le monde, qu'on le veuille ou non, demeure une partie de celle-ci. Il l'a toujours été, d'une manière ou d'une autre, même quand il s'appelait la Cour ou le faubourg Saint-Germain et, vraisemblablement, continuera sous une forme ou sous une autre. En jouer à son aise, n'en avoir pas besoin, le posséder ouvert à ses pas dans ses divers milieux, tous pareils, pourtant si dissemblables, car il manque quelque chose si l'on ne sait rien de ce qui s'y pérore ou murmure, voilà ce que je crois le meilleur et qu'il s'agit d'équilibrer. Rien de pis que de perdre contact. On apprend et on s'isole partout. Une solitude bien ordonnée permettrait donc d'aller un peu dans le monde; elle en serait le moyen et la garantie; on a toujours à entendre et à acquérir des autres, du moment qu'on se retrouve, toujours aussi, pour s'en rendre bien compte et le classer. Mais à cette date, ardent comme il me voyait l'être, Tinan avait peur qu'il ne s'emparât de mon besoin de sympathie, au point de me plaire. « Nos pères, à toi et à moi, ont été et restent si mondains » me rappelait-il dans une autre lettre qui détaillait plus doucement les raisons de la précédente « que cela les a empêchés de nous aimer. » — Je songeais que nos grands parents ne l'avaient pas été du tout, le monde se réduisant, pour eux, à la famille, du moins d'après ce qui nous avait été dit.

Séparés, nous ne manquions pas, en effet, de correspondre afin de nous aider l'un l'autre à voir clair en nous-mêmes, dans les gens et dans les choses, et si je devenais quelquefois négligent, toujours par la faute d'une femme, lui ne l'était jamais. Plus âgé que moi de deux ans, il savait mieux que moi encore comment et pourquoi j'avais besoin de lui, d'une vigilance avertie, spontanée, qu'il rendait prenante et autoritaire à temps. « Tu as lu assez de livres pour le restant de tes jours, m'exhortait-il (que dirait-il maintenant ?) Tu es prêt. N'hésite plus ! Fais enfin le roman qui sera ton livre, car le premier, tu ne veux pas qu'on t'en parle et, d'ailleurs, il ne compte jamais à nos yeux. En avant pour ton livre, entends-tu, ton livre qui vivra par-dessus et par-delà toi-même aussi pourtant ! » Bien que pressé de la sorte, j'étais moins préparé qu'il ne le supposait, pas encore au point comme lui. J'écrivais beaucoup; bien des cahiers égarés, mais qui doivent se trouver quelque part, pourraient en porter témoignage, de ces grands cahiers quadrillés au plat de carton gris, reliés d'une mince bande de toile noire qu'il faisait faire chez un papetier de la rue des Mathurins et qu'il m'avait donnés. Je sentais que « ça n'y était pas ». Il me paraissait que je ne pouvais m'exprimer qu'en vers et que je ne savais pas le faire autrement, aussi ne publiai-je qu'eux; j'avais tort aussi, sans doute, car comment savoir ce que vaut ce que l'on fait, ce que l'on ne peut pas ne pas écrire ? — Aux vacances, remis assez vite avec sa famille qui avait accepté, mieux que la mienne, son escapade, il y revenait plus volontiers; maintenant qu'il n'était plus obligé de vivre avec elle, il passait en général un mois à l'abbaye de Jumièges, chez Mme Lepel-Cointet. C'est de là que nous échangeâmes, deux années de suite, une correspondance sérieuse sur les problèmes qui nous tenaient plus à cœur que notre vie même. — La plupart de ses lettres sont admirables.

Les problèmes, ainsi débattus entre nous, étaient en réalité, le problème même du siècle, tel que Musset, ce voyant, l'a posé, tel qu'il n'a cessé de grandir depuis sa confession splendide dans le livre que l'on sait, avec un courage de sincérité et d'humilité dont la plupart des autres écrivains de son temps, et depuis, ont été dépourvus, peut-être, aussi, par manque de sincérité profonde. Qui sait, même, si le mal ne s'est pas accru de plus en plus parce que, de moins en moins, on n'a voulu, — osé, — se pencher sur ce théorème redoutable qui constitue, au bout du compte, l'équation du Bien et du Mal, aussi bien dans notre pays que dans les autres ! L'ensemble du monde moderne aboutit à une faillite pour s'y être dérobé. Le mérite, peut-être principal, de Musset, c'est de l'avoir établi, seul des romantiques ; tous dévièrent, faute d'avoir accepté la lourde tâche, ingrate en apparence, au point de vue du succès immédiat, que leur imposait leur temps. Ils virent bien le Sphinx, surtout à leurs débuts, mais refusèrent d'en être les œdipes, sachant les risques. Ils aboutirent de la sorte à des feux d'artifice merveilleux, comme on n'en verra plus, mais ne réalisèrent pas leur destin véritable. Et je me suis demandé souvent, le long de mes études historiques, puis politiques, sur le XIXe siècle, si, en détournant ainsi le cours logique de notre histoire elle-même, dont ils font partie à un titre que négligent trop nos bateleurs politiciens de maintenant, d'une inconscience légère qui rejoint l'inattention de nos hommes de lettres, en dépit de tant de romans brevetés psychologiques, même couronnés, ils n'ont pas contribué, eux aussi, sans le savoir, à diminuer peu à peu la force, comme le cours, de la donnée nationale. N'exagérons rien, mais rendons-nous compte. Nous nous serions ainsi perdus au moment même où nous allions nous retrouver. A renoncer, sans fin, la plupart des atouts de notre jeu, nous finirons par nous ensevelir vivants dans notre propre poussière.

Au postulat posé par la Révolution, nous n'avons pas répondu franchement. « La Révolution, disait Saint-Just, dont Tinan avait sur son mur la tête apollonienne, est une lampe brûlant au fond d'un tombeau. » Nous l'y avons laissée, ne la soulevant que par intermittences, quand la nuit funèbre s'étendait, trop menaçante sur le fond noir du doute, qui n'a cessé de grandir, du mystère, de l'inconnu divin s'étendant à celui de l'homme et de la Société; nous n'avons su dessiner, en réalité, que des ombres; nous n'y avons pas peint des vivants; et sur ce paravent fragile qui nous déplaît, mais que nous maintenons, quelques-uns, par le plus légitime scrupule, se sont tour à tour, plus à superposer, contradictoires, les épaisses géométries du matérialisme ou les grisailles d'une fausse religiosité, jamais les couleurs claires de la vie. De telle sorte que nous avons accru nos difficultés dans la proportion même où nous avons perdu la clarté d'examen qui les situe, la force qui les solutionne. Le labeur s'impose à nous de plus en plus considérable, au fur et à mesure que, de plus en plus aussi, la volonté nous fait défaut. Ce tourment salutaire, bien qu'il n'ait pas effleuré nos devanciers, encore imbus des parnassiens, — car le symbolisme fut une sorte de Parnasse orienté vers la recherche de formes libres, aux vêtements neufs, le corset du vers arraché, mais nullement symbolique, en somme, une sorte de demi-renaissance étirée, d'un tombeau trop rigide, vers une recherche vague, aux lignes de tapisseries de laines pâles, — travaillait quelques-uns qui s'étaient placés ainsi à l'écart de leurs propres compagnons, Paul Valéry, par exemple, dont l'*Introduction à la Méthode de Léonard de Vinci*, qui venait de paraître à la revue de Mme Adam, tranchait le conflit en dressant au milieu, réalisé par l'harmonie d'une action continue où l'Art unissait la Science à la Pensée, l'Apollon maître des rayons, des lumières et des ombres, par son rayonnement même, qui lui suffisait. Peut-être son auteur omettait-il de chercher pourquoi cela n'avait pas suffi, justement, à la Renaissance, qui n'avait pas abouti, et de comprendre, même, que l'intérêt principal résidait dans la découverte des raisons d'un tel échec plus que dans une biographie intellectuelle idéalisée jusqu'au symbole type, érigée sur son fond unique, tous les horizons sociaux dont elle est, pourtant, issue, en partie, et qui se profilent derrière son ombre, même très vivante, disparus, niés presque, mais rien de plus rare et de plus absent alors, chez la plupart, que la notion du social; à peine ceux-là avaient-ils gardé, — estompée dans leur mémoire, — la théorie de Taine sur l'influence du milieu. Ils ne tranchaient jamais le conflit par l'expresse volonté d'en extraire les solutions possibles du fond des êtres et du fond des choses sociales; ils posaient d'abord l'être, quelques-uns seulement, comme Valéry, y ajoutant l'étude des choses naturelles. Il eut fallu les trois; on n'en relevait qu'une. — Peut-être cela explique-t-il l'attitude de beaucoup quand intervint l'affaire Dreyfus, dressant subrepticement, par la personnalité d'un homme et d'un cas, sur la route où s'avançait, conquérante, cette délicieuse facilité, le problème moral de la Justice dans la Société — chose inférieure, ainsi réduite à un individu, rétrograde, pensaient-ils. — Un autre, Ernest La Jeunesse, après avoir débuté par une critique cinglante, pleine de talent, d'ailleurs, de tous nos contemporains notoires, aboutissait à l'*Imitation de notre Maître Napoléon*; un autre encore, plus vieux, par *A Rebours*, lassé du matérialisme violent de *Marthe*, avait été mené déjà par *En Route* et l'admirable *Là-Bas*, à la *Cathédrale*. Retour à la Foi, retour à l'Autorité, retour à l'Intellectualisme pur, ou bien socialisme vague ou formel, médiocre des deux côtés par la qualité intellectuelle qui, sauf chez Jaurès, à ses débuts de ce genre, au moins à notre connaissance, lui manquait, comme, davantage encore, à la politique dont l'orage stérile ne nous arrivait que par rafales, bruit d'un orchestre lointain par trop discordant. Voilà au milieu de quoi nous cherchions notre chemin, attentifs à ne pas perdre contact avec le réel. Edgar Poë, par la Préface de Baudelaire sur ses doctrines dans les *Nouvelles Histoires extraordinaires*, nous valait aussi des éclairs, mais intermittents, et qui ne nous paraissaient allumer aucun phare, rayonnant, étoilé sur la nuit de la mer ou la pâleur crayeuse des falaises qui lui tenaient tête.

Ainsi notre jeunesse s'éveillait sans trouver prête l'arme de son prodige et la littérature s'imposa, vraisemblablement, à nous d'une manière si nette, si certaine, si impérative, parce que, je l'imagine du moins, un instinct plus puissant que nous-mêmes nous menait obscurément à penser que par elle et en elle, comme par l'examen recueilli d'une existence que nous rendions tout à fait libre, sans subordination aucune, sinon à sa conscience, nous saurions découvrir, au besoin, créer, grâce à la somme de nos expériences, la théorie de ce que Paul Desjardins appelait le devoir présent, qui est, sans doute, le devoir éternel. Poignante angoisse, situation tragique, dont l'ironie la plus fine et la plus généreuse ne peut tout de même venir à bout sans retour contre nous-mêmes, et Tinan, qui se cachait derrière elle, quelquefois à lui-même, le sentait mieux qu'un autre quand il indiquait qu'elle soutient notre esprit à la manière dont l'alcool fouette notre corps, en le dévorant. « Pour la jeune valeur et la soif d'Action, a dit Carlyle dans une page superbe, nulle chevalerie idéale n'invite à l'héroïsme, ne prescrit ce qui est héroïque ; le vieil idéal de virilité est tombé en désuétude ; le nouveau est encore invisible pour nous et nous le cherchons à tâtons dans les ténèbres, celui-ci étreignant tel fantôme, celui-ci tel autre ; Wertherisme, Byronisme, Brummelisme même, chacun à son heure. Pour la contemplation et l'amour de la sagesse, nul cloître n'ouvre maintenant ses ombres religieuses ; le Penseur doit, dans tous les sens, errer sans demeure, levant les yeux vers un ciel mort pour lui, les promenant sur une terre qui est sourde. L'Action, en des jours anciens, était aisée, volontaire, car la valeur divine des choses humaines était reconnue ; la spéculation était saine, car elle prenait rang comme servante de l'Action... La Loyauté sanctifiait encore l'obéissance et ennoblissait la règle ; il y avait encore quelque chose envers qui être loyal... » Ces lignes de 1831 ne sont-elles pas encore d'actualité — comme elles l'étaient pour nous deux il y a plus de vingt ans ? N'oublions point toutefois, que l'Action paraît toujours plus facile à travers un passé dont nous ignorons les détails que parmi le présent où ils nous submergent, sous un lointain dont nous croyons connaître l'exacte nécessité par ce qui a suivi que vers un avenir encore indéterminé dont il nous faut sans cesse démêler et préparer les lignes dans l'actualité quotidienne. « L'ignoble cercle de fer de la Nécessité oblige l'adolescent de nos jours à n'être qu'un esclave inerte ou bien l'exaspère en un rebelle. L'Action héroïque est paralysée, car quelle valeur reste maintenant indiscutable pour lui ? A la période ardente où toute sa nature réclame à grands cris l'Action, n'est-il rien de sacré sous la bannière de quoi il puisse agir ? La lice, les procédés et les conditions de l'Action libre sont presque indécouvrables et l'énergie invincible des jeunes années se gaspille en arguties sceptiques qui sont un suicide. » Il ne nous restait bien, — et nous le constatons à l'aide de ces citations, une fois encore, — que la littérature. La suite montrera — toujours écrite en 1831, dans ce temps où le romantisme anglais finissant semblait pousser le nôtre à s'épanouir à l'heure même où Carlyle allait s'attaquer au Byronisme « sans étoile polaire » et peindre Friedrich Schlegel, réfugié dans le catholicisme « comme un enfant sur le sein de sa mère égorgée et y restant rivé » — pourquoi le survivant fut mené par elle à l'Histoire, puis à la Politique, — pourquoi il fut ensuite, fatalement, débarqué par celle-ci : « Ceux qui ont osé dire non et qui ne peuvent encore dire oui, éprouvent que dans le non ils sont comme en un Golgotha où la vie n'entre point, où la paix n'est point faite pour eux. Dur est le sort de tels hommes, d'autant plus dur qu'ils sont plus nobles. En d'obscurs pressentiments, s'agite en eux la divine idée du Monde, mais sans vouloir jamais se révéler clairement. Ils ont à se trouver un culte, ou bien à vivre sans culte... Pour la meilleure catégorie de pareils esprits, la joie insensée de la Négation a depuis longtemps cessé : le problème ne consiste plus maintenant à nier, mais à préciser ce qui doit être fait. » Et au-dessus de cette recherche qui était notre vie même, sur elle, contre elle, frappait sans cesse, comme un bélier formidable, menaçant de tout détruire dans les édifices encore fragiles que nous tentions, en discutant leurs plans superposés, le doute des doutes, inévitable question : l'univers est-il moral ? Nous y répondions d'un même élan, d'une même certitude indomptée, comme devait le faire bientôt Lafcadio Hearn : « Que le processus cosmique soit ou ne soit point moral au regard de l'infinitésimale sensibilité humaine, cette conviction persistait que nulle logique ne pouvait ébranler, que l'homme devait, jusqu'au but inconnu, poursuivre de toute sa volonté le plus haut idéal moral, dut-il entrer en lutte avec les soleils même dans leur cours. » Cette foi instinctive particulière, caractéristique de notre époque, — qui n'existera pas toujours et se rencontre déjà moins, me semble-t-il, — nous sauvait de tous les affaissements, empêchait souvent leur menace. La lecture de Guyau, malgré ses longueurs et certaines faiblesses, négligé de nos jours, alors dans sa gloire, nous y encourageait. Nous la retrouvions, systématisée, à travers Shopenhauer. Dès le collège, je m'y étais affermi par Marc-Aurèle — que M. Suarès, de nos jours, — il est vrai que M. Suarès est génial, — déclare inférieur, tout à fait médiocre. — Sa source la plus vigoureuse se trouvait sans doute en nous-mêmes; elle y était déjà inépuisable. Je me permets, en passant, d'en recommander l'usage à ceux qui ont remplacé les « Jeune-France » de Théophile Gautier, pas les jeunes « Fils de Roi » Nouveaux Riches, que ne manquera pas de nous narrer bientôt, j'en suis sûr, après avoir assez fréquenté chez eux pour les bien connaître, le talent distingué de M. Abel Hermant.

Nous nous cherchions donc de toutes manières, retrouvant en nous-mêmes, comme dans l'Histoire, les éléments dont nous étions composés, la somme de nos parents morts, les plus proches, peut-être même les plus lointains, connus, inconnus, et c'était avec tout cela que nous nous efforcions à déchiffrer le présent qui nous pressait de toute part et était le nôtre, le lendemain qui le serait aussi. Il nous paraissait déjà obscurément, dans les profondeurs de notre instinct, qu'entre l'immobilité des uns et la vitesse accélérée des autres, toutes deux excessives, dans l'art comme dans la vie, ainsi que dans les sentiments et les pensées, comme en tout, il devait exister quand même, en dépit de tant de prophètes, une évidence centrale, dont une suite d'expériences, confrontées, prouverait qu'elle s'approchait, sans doute, de la Vérité. Celle-ci ne nous paraissait pas tant être là que dans le renouvellement constant de ce qui la constitue; elle était donc, mais surtout devenait, toujours. Et nous souffrions de constater qu'autour de nous, bien peu, personne même, ne s'en rendait compte, ou ne l'avouait, comme si la mise au point la plus nécessaire à l'équilibre des hommes demeurait, justement, ce qu'ils saisissaient le moins, jusqu'à faire front contre elle de toutes parts, à un degré tel que, déjà, nous nous demandions s'ils n'étaient pas incapables, dans leur masse, de concevoir leur salut véritable et de s'en rapprocher. Mais nous doutions trop encore de nous-mêmes, par delà la connaissance certaine et la possession déjà commencée de notre bonne foi, pour nous fixer sur notre raison; par pudeur et générosité, nous préférions nous donner tort; il nous paraissait que là résidait encore le devoir; et puis, pas assez solides de ce côté, à cet âge, pour une douleur qui nous eût cernés sur sa méditation tragique, pas assez malheureux, d'autre part, pour le pardon qui découle spontanément ensuite devant la vie des êtres, nous aurions été trop malheureux d'aimer moins nos semblables, à force d'avoir éprouvé leur misère et constaté qu'il était impossible, à jamais, de compter sur eux.

L'heure allait venir où nous ne pourrions plus compter davantage sur nous-mêmes. La vie avec ses nécessités ou, plus exactement, ses exigences, dont bien peu sont indispensables, la femme, surtout, par les servitudes qu'elle impose, démoliraient, sournoisement, le bloc immaculé, sinon de cette amitié si forte, du moins de son entente à l'échange constant. Cette belle existence libre, cette éducation parallèle où les seuls maîtres étaient les deux jeunes gens qui se valaient l'une et l'autre, faibliraient jusqu'à disparaître, prisonnières des contingences et de forces qu'elles avaient jusque là vaincues sans y penser. Il ne pouvait en être autrement sans doute; il fallait même qu'il en fût ainsi pour que ces bienfaits, qui ne furent jamais perdus, s'augmentassent. Je suis sûr, — je le sens aujourd'hui tout à fait — que nous nous serions retrouvés avec une affection, si possible, plus heureuse encore, autres enfants prodigues d'un jardin fleuri par eux-mêmes à l'écart de parents incompréhensifs, au milieu de ses massifs et de ses arbres bien aimés, avec une tendresse accrue, une conviction définitive, payée par de dures épreuves, de retour à cette certitude qu'il n'existe rien de durable que l'Amitié, — la Grande Amitié. Menés à elle, cette fois, par la Connaissance et la Raison, de même que le sentiment et la culture de nous-mêmes nous y avaient guidés et défendus à l'éveil de notre existence d'homme, nous aurions conduit le long de ses allées, plus douces et plus hautes, mieux protégées, notre préparation à la vieillesse et à la mort. Le Destin, qui m'a pourtant gâté, malgré mes souffrances, malgré tout ce qu'il devait, peut-être aussi, à ma sincérité courageuse, et qu'il ne m'a pas consenti, n'a pas voulu m'accorder cette faveur suprême : l'un de nous d'eux, le meilleur, est parti avant l'autre, laissant une place vide, la sienne, vraiment unique.

Comme il serait magnifique, à cette heure, victorieux qu'il fut devenu de sa santé refaite, car c'est un tort de croire que l'âge la brise ou la détraque nécessairement, alors que si souvent, par notre soin, mesuré à nos proportions, de plus en plus sagace dans l'art d'utiliser au mieux nos capacités, il la reconquiert plus d'une fois, la façonne, la règle, la coule enfin dans son harmonie personnelle, selon ce qu'elle peut et doit être et, nous faisant en quelque sorte renaître, l'affermit et la prolonge. La vie se compose bien d'une suite de renaissances. Le fait est si vrai qu'il existe dans notre passé des gestes, des actes, en même temps que des domiciles et des décors, des fêtes des pompes funèbres, que nous ne comprenons plus. — Ce qui me paraît à retenir dans cette existence indépendante livrée entièrement à elle-même, d'autant moins soumise aux disciplines extérieures qu'elle était profondément attachée, et de plus en plus, à celles qu'elle se donnait, qu'elle s'imposait, nées naturellement de sa nature individuelle, mais aussi de la bataille de rectitude avec les réalités successives qu'elle découvrait elle-même aussi, sans intermédiaires, c'est que les deux êtres qui risquèrent irrésistiblement une pareille expérience en furent augmentés. Elle était dangereuse, je le reconnais, au point — on va le voir — qu'elle emporta l'un d'eux, le moins armé physiquement, car il l'était davantage, je le crois, d'autre part. Je me demande, aussi, si son originalité n'a pas été soutenue, en partie, tout au moins, par l'existence telle que nous l'avons pratiquée; rien, de la sorte, ne l'entama. Au milieu des complications modernes, elle nous préserva de la surcharge, des niaiseries d'ambition, de réussite, — le mot affreux ! — d'intrigues et mêmes d'usages, au filet desquels tant d'êtres doués aussi, peu à peu, succombent. La Société est un rétiaire infatigable. Une certaine sagesse, défendable, favorable à la plupart, nous opposera les examens, la situation à conquérir; elle fera observer que nous nous tirions d'affaire, parce que notre pauvreté, relative par comparaison, devait rester momentanée, — nous n'en avions pourtant aucune assurance ! — et que nous tenions les meilleurs atouts. Peut-être; je ne dis pas non, quoique... mais d'autres aussi les eurent, bien plus nombreux, qui ne pensèrent point à s'en servir pour se préserver, se retrouver, devenir eux-mêmes, et quand je compare, je suis persuadé que nous n'eûmes pas tort. A cette date, à mon sens, notre situation native de jeunes bourgeois nous vouait, dans l'intérêt de ce que pouvaient rêver de mieux nos parents, qui ne comprirent pas et nous blâmèrent, à cette sorte de résurrection intellectuelle et morale, par delà les fatigues, les débilités, les routines et les scepticismes bêtes de nos hérédités immédiates; nous retrouvions d'anciens grands-pères en agissant ainsi. C'est nous, nullement leurs fils plus proches, qui étions dans la tradition. Nous nous sommes forgés de la sorte à même la plus intense flambée de notre temps, trempés à travers ses marais et ses sources, et qui sait si les bâtons et les glaives que nous avons semés le long de nos chemins, n'ont pas aidé, ou n'aideront pas, nos successeurs ? La jeune génération commence à se regarder dans les miroirs d'acier bien parisien, polis soigneusement au centre de leurs arabesques, par-dessus les larmes effacées, où Jean de Tinan grava d'un burin déjà si sûr, exquis et frémissant, les caprices de son âme blessée, mais forte, droite, ironiquement courageuse. Enfin cette recherche de soi-même et des autres, de son Temps et de la Beauté, de l'Esprit et de la Vie, étroitement mêlés par la possession de l'existence, — tout est là pour vaincre la détestable apparence dont les paresseux se contentent, — n'est-ce pas le devoir suprême de l'écrivain digne de ce nom ? Je me souviens d'un article d'Adolphe Retté, dans le *Mercure de France* où, l'un des premiers, il voulait, comme poète, un être vierge de civilisation, retrempé aux sources naturelles. Ces eaux primitives devraient alimenter aussi les fontaines des Cités, et le présent réclame un calice qui puiserait autant dans la Société que dans la Nature pour apaiser la fièvre d'incertitude trop prolongée qui nous ronge.

Azur inespéré de l'encre et du calame,
Tu es la fleur étrange éclose aux manuscrits...

chantait le même poète dans *Une Belle Dame passa.* Les fleurs et l'azur ne valent, même artificiels, que si les merveilles du ciel et de la terre ont pénétré l'artiste, et la passante mourra dès les premières lignes, et les roses qui l'enguirlandent se faneront si le sang le plus rouge et la sève la plus riche ne les ont pas suscitées. La belle dame qui passe, définitive, est d'autant plus durable qu'on a mieux appris à vaincre, une à une, le cortège de ses sœurs trop mortelles. Les seules étoiles qui ne s'éteignent pas sont celles de l'espace. Il faut une nymphe véritable au miroir de la fontaine et ce sont les bras nus d'une vivante qui rapprochent le mieux de Nausicaa; il s'agit seulement de bien choisir, d'interpréter mieux encore afin d'amener la lavandière incertaine jusqu'à l'immortalité. Élevons-nous sans fin par l'expérience; la découverte nouvelle de la Nature, même primitive, est devant nous pour qui sait comprendre; c'est par la marche en avant que nous retrouverons ce qui a été perdu, non par le retour en arrière.

Tinan me disait à propos de l'*Eve Future* : « Le père de lord Éwald n'a pas assez fait l'amour, d'où bien des enfantillages dans ce livre dont nous aimons tant l'idée et je reste rêveur en songeant — ce qui m'explique tout, — que la comtesse Villiers de l'Isle-Adam dut ajouter sur sa carte de visite, après la mort de son époux, à côté de son titre de noblesse, — titre plus noble, insinuerait notre ami Pierre Quillard, — « fait les ménages ». Car, mon vieux, il avait épousé sa cuisinière ! » Et comme je répliquais par un des contes et un des romans de Maupassant, *Notre Cœur*, il m'interrompait : « Celui qui épouse la courtisane patriote fait un acte patriotique, rien à voir avec notre sujet, et l'amant de Michèle de Burnes remplace une machine sans cœur par une autre que sa vie même à côté de lui avait déjà dressée, puis le livre s'arrête; or, il n'est pas fini; dans la réalité, il a gardé sa bonne pour se reposer de la dame du monde, d'autant plus que, se sachant trompée, celle-ci lui revint assez vite et lui parut, grâce au refuge de l'autre, beaucoup plus agréable. Les scènes cessèrent. Tout le monde fut heureux. Puis la bonne, mise en goût, devint une grue célèbre, qu'un riche péruvien, ensuite, aux bottines vernies craquantes, couvrit d'or; alors, élevée à point, elle se fit épouser par un avocat légèrement idiot qui devint, grâce à sa galette, député et dont la fortune politique inattendue la fit pénétrer par la porte d'un Ministère jusque dans l'aristocratie républicaine. Quant à Michèle de Burnes, elle mourut chanoinesse, en invoquant Jésus-Christ, après avoir d'ailleurs converti à tous les repentirs son amant, légèrement gâteux, mais que les vieilles filles désignaient à la campagne comme un monsieur très bien pensant, parce qu'il suivait les offices et offrait, les premiers du mois, le pain bénit. »

Toutes les routes s'offraient à nos pas et elles nous tentaient. L'initiation de l'Amitié nous les avait ouvertes et menés jusqu'à elles. Peut-être nous avait-elle rendus plus difficiles. Il ne nous semblait pas, en rien, qu'elle ne nous suffise plus, mais elle nous était une chose acquise, sûre, faite, établie, et elle nous valait une force qui cherchait d'elle-même d'autres conquêtes.

J'ai dit que nous détestions ce qu'on appelle le monde, mais il existait et, en réalité, nous le connaissions mal, presque au point de l'ignorer. Les mardis de Mallarmé ne s'ouvraient que sur lui-même, les samedis de Hérédia avaient une échappée vers la société dite mondaine, fort accueillante du côté des dames, à ceux qui en venaient. Il fallait donc connaître le monde, mieux que nous ne l'avions fait, plus que nous ne l'avions commencé par nos familles, ne fut-ce que pour le mépriser plus sûrement. Tinan se prenait à en parler autrement : « Il y a peut-être quelque chose là aussi » murmurait-il. Cela nous agaçait que le monopole d'en parler parut réservé à d'autres. « *Peints par eux-mêmes* est un beau livre et il était impossible de l'écrire sans y aller. » Il ajoutait comme pour s'absoudre : « Nous les démasquerons ! » Pourquoi pas ? Il y avait en nous une sorte d'impatience. Quand je lui rappelais sa lettre, il me répliquait qu'il la maintenait de plus en plus, mais qu'il fallait se rendre compte pourquoi, malgré ses tares, le monde durait et ramenait toujours à lui, au point d'être le centre de la Société. L'abstention n'était plus possible, cessait d'être raisonnable. « Nous aurions l'air d'en avoir peur. » Il cherchait toutes les raisons et soupirait : « Femmes pour femmes, grues pour grues, elles sont tout de même plus soignées... pourquoi aussi chasse gardée contre nous, réservée aux autres, aux autres... qui ne nous valent pas, eh ! mon vieux ! »

Nous passions l'eau, comme on dit au Quartier, plus souvent. Nous faisions des infidélités à tous nos bouchons, de Polydor au Balzar, de la *place Blanche* au *Rat Mort*, ce qui montrait bien la gravité de notre cas, et nous prenions l'habitude, sonné minuit, de manger au Weber un « sandwich pain long » arrosé d'une pinte de bière. Notre petit groupe du premier Weber d'alors, celui qui n'avait que deux petites salles, réunit bien des figures curieuses, en plus de celles déjà nommées, Henry de Bruchard, avec qui je devais me battre en duel, Louis de la Salle, tué au front, à l'attaque du Bois Sabot comme lieutenant au régiment de marche de la Légion, les frères Loysel, André Rivoire, Paul Robert, aux anecdotes innombrables, qui posait sur la table pour y saisir son tabac, son porte-cigarettes d'argent couvert d'initiales et d'armoiries d'or. Toulouse-Lautrec prenait toujours un porto et râpait dessus, longuement, de la muscade. J'en oublie. Du Weber, qui fermait, nous allâmes une nuit chez Maxim's. Le d'Harcourt était détrôné pour toujours. Nos familles voyaient cette évolution d'un bon œil et la sienne, dans la personne de son père, y encourageait discrètement; il leur paraissait que nous revenions à nos origines et que nous cessions de nous encanailler. Tout se faisait complice. Il n'était pas jusqu'à la *Revue Blanche* qui ne nous ait ramenés sur le boulevard. Ravie, Mme de Tinan me disait fort sérieusement : « Dans un mois, vous ne sortirez qu'en habit et vous irez en soirée. »

Sur cette amitié si parfaite, sur cette réserve si pleine de travail et de sérieux fervent, allaient éclater, tout à coup, l'affaire Dreyfus et des liaisons plus accentuées. Un collage nous avait déjà quelque peu séparés, le mien qui le navrait par son côté confortable, mais dont il ne pouvait guère me dissuader à son aise attendu qu'il en avait un aussi, quoique moins absolu. Bientôt pour l'un et l'autre, ce fut, les collages liquidés, quelque chose de plus conséquent, la première femme du monde. — A quoi servaient, maintenant, les leçons de *Sapho* et de *Mensonges* ? Nous avions pourtant lu et disséqué les livres de Daudet et de Bourget, mais comme ils s'éloignaient de nos curiosités, déjà, comme nous allions aimer, l'aventure nous paraissait se présenter d'une manière toute différente; nous étions sûrs que pour nous, en tout cas, elle ne serait ni semblable, ni funeste. Aux rares instants où nous discutions avec nous-mêmes, il nous paraissait, d'ailleurs, que nous étions avertis et vaccinés. Les hommes, comme les jeunes gens, passent leur vie à se croire très forts et supérieurs, au lieu de reconnaître qu'ils restent toujours des enfants devant les femmes, prisonniers jusqu'à la fin d'un invincible désir de bonheur.

***

J'habitais rue Caulaincourt, — le quartier définitivement dépassé, — quand Tinan vint, un jour, m'y interroger, la mine grave, *l'Aurore* à la main. Il n'était pas content de moi, et m'expliquait ses raisons avec sa netteté primesautière. « Je crains que tu ne voies pas où on te mène. Ne te défends pas, tu as donné ta signature sans y penser, avec ta maladie habituelle d'absolu et de justice. Tu crois qu'il s'agit de l'innocence d'un bonhomme et tu t'emballes. S'il n'était question que de cela, tu penses bien que je serais à tes côtés. Mais je me méfie; il doit y avoir autre chose et c'est cet autre chose que je redoute. L'ensemble de cette entreprise, — ne bondis pas, le mot est juste et si j'allais jusqu'au bout de mon pressentiment, si je n'étais sûr que tu penses exactement le contraire (je te connais !) je dirais qu'elle est de démolition — la façon dont elle se présente, dont elle détonne, comme un pétard, les gens qui sont là, les uns des naïfs, et tu en es, les autres des pêcheurs en eau trouble, des hommes politiques qui ont besoin d'influence, de se mettre en vedette, d'avoir un parti ou — et ! — de l'argent, de se refaire une virginité, et tu n'en es pas, d'autres encore qui sont des m'as-tu-vu contents de regarder le matin leur nom imprimé dans le journal — ne serait-ce que pour le regard de leur concierge ou de leur maîtresse, qui commenceront, une seconde, à douter qu'ils ne soient des ânes, — ou alors de francs coquins, reconnus, classés et patentés, tout cela, mon grand Équitable, sans prime d'assurance, ne me dit pas beaucoup, ne me dit même rien qui vaille. » Je répliquai : « Peut-être as-tu raison, je me le demande aussi, mais au-dessus de ce que tu appelles cela, d'abord, que tu le veuilles ou non, il y a la Justice. » Il bondit : « Mon cher Solennel, mon très cher Simplificateur, mon bon André, la Justice n'est pas si simple. Elle dépend de mille contingences, qui ne peuvent pas ne pas être étudiées scrupuleusement; or, tu les supprimes. La justice pour être juste, pour bien juger, a besoin de se mettre en état de grâce, d'abord aussi, Monsieur... Ne te fâche pas et cesse, en ton for intérieur je le vois à ton regard, de me traiter de jésuite; je suis parpaillot, mon vieux, je tète le maigre pis de la vache à Colas, comme dit, je ne sais plus où, notre Henri de Régnier, aussi singulier, encore qu'il s'y efforce fort, et « maigre pis », lui aussi, que ses amants étiquetés de la sorte, et qui d'ailleurs, sont surtout des mannequins, car... mais où en étais-je ! je déviais sur la littérature — horreur ! « Tout le reste... » comme dirait Verlaine... André, je ne blague pas !... Et je te répète que s'il n'était question que de cela, mon nom eut suivi, ou précédé, mon cher, le tien. Oui, oui, oui, je serais avec vous tous, même avec Quillard, qui voit partout des Arméniens à sauver — ce sont ses Angéliques à ce Roger dont la vieille maîtresse, affreuse, l'a lassé de la femme, — avec le bouillant Hérold, chevalier sentimental au petit pif de sa propre modération, d'autant plus illusoire à certaines heures, comme les *Vergers* de Fontainas, et qui se transforme alors, brusquement, en sottises personnelles longuement méditées, voire, même, en courage civique. Tu sais mon admiration pour Zola, comme j'ai défendu dans nos milieux férus de lapins mystiques, — à toi Gourmont, Gourmont, à vous, formats curieux des anciens eucologes ! — *la Faute de l'Abbé Mouret*, *Nana*, *le Ventre de Paris*, malgré ce qui m'y crispe, contre tes réserves, lorsque tu donnais aussi dans le conte symbolique, d'ailleurs transparent et simplet, du temps de Besnus et de son *Idée Libre*, — quel ambitieux ! — mais je ne m'explique pas ce qui l'a décidé ; je crains que son acte, si différent de tout le reste, ordonné, de sa vie, ne soit celui d'un être à bout, usé, pris d'un besoin maladif de popularité différente, plus tapageuse. Il existe des livres mystiques sociaux, pour gens trop sédentaires, pas assez occupés, et qui ne pratiquent plus aucun sport, à l'heure aussi qu'on nomme retour d'âge chez les femmes, où le plus naturel, qui est en même temps le plus agréable, décline... Je t'embête. — Non, tu me consternes. — Tu me navres davantage, ô Archonte !... Crois-moi, — je rejoins ta gravité — la justice ici me semble le moyen d'une sorte de revanche, revanche dont les conséquences pourraient devenir graves. C'est entendu, nos familles nous traitent d'anarchistes, tu es un révolté, un révolutionnaire, — et il faisait rouler les r — beau mot d'ailleurs ! — Nous rigolons ensemble des chansons idiotes sur le poteau-frontière et le petit soldat, mais parce qu'on ravale, parce qu'on galvaude une de nos plus certaines noblesses. Je suis ulcéré à la pensée que le service militaire te prendra bientôt si, malheureusement, tu y coupes et, en songeant à ce qu'il gâchera en toi, peut-être, aux brutes aussi pernicieuses à la défense nationale dans la paix, qu'elles le seraient, je crois, dans la guerre, je vais jusqu'à en comprendre le refus; je récite, écœuré du manque d'ordre contemporain et de la bêtise majestueusement caricaturale qu'on nous en donne, la ballade de Tailhade à la Sainte Anarchie, oui, tout ce que tu voudras, mais puisque j'ai griffé tout à l'heure la littérature, — il y en a pas mal dans ces caprices, — la France est la France, André, et tes nouveaux copains, — sur le papier de journal, — ne la sentent en rien, ni en littérature, — encore ! — ni en art, ni dans son âme, ni dans la leur, — s'ils en possèdent une ! — ni dans la réalité, ni dans le cœur, comme nous. Prends garde ! Prends garde ! Je t'en supplie. » Et il m'avait pris les mains.

La discussion fut longue. Nous en mesurions tous deux l'importance, comme si nous commencions d'aborder une terre encore inconnue, dangereuse et rebutante, pourtant indispensable à connaître à fond. Il employa tous les moyens. Connaissant, malgré ma résistance du moment qu'il s'agissait de certaines choses et de certains principes, ma modestie en face de ceux que j'admire et mon culte de l'amitié, il me rappelait comme j'étais seul de ce côté : « Pierre aussi est de mon avis, Valéry également, beaucoup des nôtres que tu aimes... Tu t'emballes trop; je te jure que tout cela, — oui, tout cela, — sent mauvais. » Je recevais « tout cela » en pleine poitrine, avec une angoisse pénible, une réelle douleur. Pour la première fois nous n'étions pas d'accord; une sourde hostilité, voilée, mais vivante, s'emparait de l'un et de l'autre. Quelle était donc cette horrible chose qui se dressait rapidement entre deux êtres faits pour se comprendre, qui se comprenaient tant, au point de les déchirer de la sorte ? Fallait-il qu'elle fût grave — ou infernale, à notre insu, même au mien, en tout cas, — pour imposer ainsi son importance ! Elle divisait tout, installait la guerre civile, fût-ce entre nous. Les autres, ce n'était rien, les autres, c'est-à-dire la famille, les relations, au contraire, la lutte m'en apparaissait meilleure, plus évidente, nécessaire, mais lui, — lui qui ne sentait, ni ne jugeait plus comme moi... Je me prenais à haïr l'Affaire. Je ne savais où me raccrocher, que lui dire, aussi, pour me reprendre, pour l'amener à moi, d'autant moins que je le trouvais tellement supérieur. Une idée me vint : « Zola, soit, bien que je croie distinguer ses motifs, qui sont à l'opposé de ceux que tu lui supposes, mais France, puis le fait même que, si divisés, le drame de cette iniquité les mette d'accord, en quelque sorte, malgré eux. » Il éclata : « Mais tu sais bien que ce n'est qu'un écrivain merveilleux et qu'il ne croit à rien. *Thaïs*, ce livre unique, splendide, à l'ovale parfait, est une leçon de doute, une négation brodée, un linceul de soie dans le goût des étoffes alexandrines — de ton Alexandrie où, justement chez Plotin, tu aimes, tu aimais hier, tu aimes encore, à travers la toile d'araignée pour lucioles de ta sacrée affaire, à la sale clique, — je l'entends encore prononcer ce mot, — autre chose... *Thaïs*, mais c'est une leçon de néant et ton Anatole vaut Paphnuce, un jour ici, l'autre là, selon le vent — un vent spécial, incomparable, filtré, messager d'ailes et de drapeaux incolores, mais du vent à girouettes, avant tout ! — Jean ! Et c'est toi qui me dis cela ! — Ne m'aurais-tu jamais compris ? Je raille parce que je cherche, mais je suis honnête, scrupuleusement, même contre moi, je ne ruse jamais, je veux trouver, un jour ! Je blague parce que je suis sérieux et fervent, oui, André, parce que je souffre affreusement de n'être sûr de rien, sinon que je ne mens jamais, mais lui, ce n'est pas la même chose, c'est tout le contraire. Passionné comme je le suis, je sais sa froideur, son égoïsme absolu. Méfie-toi des fausses passions simulées, d'ailleurs naturellement, par de tels êtres, avec un air de générosité bien réfléchie et de justice bien attentive, par suite de certaines relations également, entends-moi. Notre rôtisseur de Pédauques, poules plumées montées sur sa broche, à la bonne chaleur chauvinesque de son feu cléricalement laïque, croit à tout sans y croire, ou en y croyant dans la limite où ça ne lui fait pas de mal, où l'indignation même, qui paraît aux naïfs se retourner contre ses intérêts, achève de cotonner sa douce vie d'antiquaire. — Est-ce sûr ? — En tout cas bien probable, à mon avis sûr et certain. Léon Cladel a chanté, — pas très bien, — les martyrs ridicules; notre temps va connaître, dans l'arène civique, les martyrs capitonnés. — Et l'Ile du Diable ? — Il n'y est pas et lance à travers l'espace le cantique de sa voix charmante, une des plus onctueuses que jamais prélat m'ait fait entendre, expédie à sa destination, via Israël, les fioles d'eau, tour à tour douce ou calcaire, de son bénitier. — Tu es monstrueux ! — Véridique, simplement, et sans danger pour Sa Grandeur. Mais cette Éminence à la tête de zouave pontifical qui a mal tourné, de sa belle plume incomparable, n'a écrit que des contes, jamais un roman, car ses romans aussi sont des contes, des histoires parfaites, délicieuses, pleines de vérité, aimables ou cruelles, — aux autres, jamais à lui, — des histoires, te dis-je, et si j'aime ce prodigieux pavoiseur d'images d'Épinal pour gens très distingués, si je me veux l'habituel pèlerin de son exquise boutique, si je goûte mieux que quiconque — mieux que toi, vieux ! — le maître du magasin, je lui interdis de me faire la leçon sérieusement, de m'ordonner le Devoir et la Vertu, avec grand D et grand V ; non, ça c'est trop !... » Et il repartait : « Justement, je ne m'explique pas cet assemblage si naturellement, — dit-on — spontané de gens disparates. Quelle mise en scène ! Buffalo-Bill prépare ses tournées, et tu crois que celle-ci ne l'est point ? Or où est le ciment de cet assemblage et quel est-il, te l'es-tu demandé ? — Dans la conscience humaine, et la conscience humaine elle-même. — Et allez donc ! Comme c'est simple ! La conscience humaine se fout pas mal de Dreyfus. — Pas du fait qu'il est innocent. — Qu'en sais-tu ? — J'en sais qu'aucune preuve n'existe qu'il soit coupable, tout est là. — C'est bientôt dit... Attendons. Quant à ton « tout est là » il me livre le secret, la base de ton erreur. Non, mille fois non, tout n'est pas là. Ta manie sempiternelle de tout simplifier te mènera dans ta vie personnelle et dans tes jugements à des catastrophes. »

Nous n'en pouvions plus. A distance encore, je ressens l'horreur que ce nous était à tous deux de devoir constater, malgré nous, la cassure, les coups que nous nous portions, car lui aussi, je le présume, éprouvait comme moi, en face de sa conscience et de son amitié blessée, en face de la Patrie, la crainte affreuse de se tromper. « Si, pourtant, il avait raison, me disai-je, j'ai été si souvent dupe ! » Et j'aurais voulu le croire pour ne pas me séparer de lui, afin de nous retrouver. « Si ce n'était qu'un malentendu entre braves gens, de part et d'autre, m'écriai-je, exaspérés par je ne sais qui, par je ne sais quoi, et qui ne peuvent plus se retrouver, emportés plus loin qu'eux-mêmes, au delà de la simplicité des choses et des faits, de même que nous ne nous reconnaissons, plus, toi et moi ? — Halte-là, s'écria-t-il, des honnêtes gens comme nous peuvent tout se dire ! Pour nous, il s'agit d'une cause supérieure, mais il en est qui jouent un autre jeu, plus personnel, et qui ne dépasse leurs personnes que dans la mesure où il les sert. Un jour on saura et tu te rappelleras... En attendant, c'est le cas de le dire, Dreyfus au diable et embrassons-nous ! » Je respirai. Puis la porte refermée à regret tandis que je l'entendais descendre l'escalier sans tapis, je redevenais triste, inquiet, oppressé. La sensation de ce monde nouveau qui s'ouvrait devant moi, s'imposait de plus en plus. Il me parut pour la première fois que je ne savais pas les mécanismes de la vie moderne, ténébreuse, en quelque sorte occulte sous ses tableaux, différente de ce qu'on en voyait et supposait, éduqués que nous sommes par le passé déjà lointain, non par celui qui se trouve immédiatement derrière nous. Des cavernes qui supportent cette société, je ne savais rien, rien de toute la minuterie qui y précipite, comme un jeu compliqué de boutons électriques, la lumière, l'ombre ou le clair-obscur ; j'ignorais tout des forces qui, non maîtrisées, dominent jusqu'aux plus forts, mais, aussi, guetteuses dans leurs déchaînements, des hautes araignées puissantes et silencieuses qui tendent leurs toiles savantes et vastes à travers la mêlée étourdie des insectes humains. Je m'imaginais m'être renseigné; or nous vivions la plupart sur des équivoques, parmi des reflets déjà périmés; par delà les apparences qui composent le spectacle national et international, soit social, soit politique, soit même confessionnel, le problème mystérieux de leurs réalités véritables se posait devant nous, en même temps que celui de la France. De ce point de vue, et dans ce sens, il est vrai de prétendre que l'affaire Dreyfus fut un réveil assez terrible, sans doute, mais un réveil. Il contraignait chacun à la méditation attentive de ce qu'il lui fallait penser. Il y amenait d'une façon atroce, par les routes le plus inopportunes, les plus propres à les égarer, soit d'un côté, soit de l'autre, et en ce sens, ce fut un mal, mais ce fut un bien par ailleurs, un bien certain, parce que les piliers des différents organismes de la société apparurent, pour la première fois, dans une perspective nouvelle depuis la Commune et le Boulangisme, ainsi que la force de cohésion instantanée dont une grande race se révélait susceptible autour de l'un des siens, dans un pays comme à travers le monde; et ce fut sans doute à la faveur de l'Affaire que je me rendis compte de mieux en mieux, pour ma part, de la donnée qu'elle représentait, qu'il fallait l'incorporer à la famille française au lieu de recommencer la faute à la fois stupide et injuste commise autrefois par l'Édit de Nantes contre les protestants. Toute la question est de savoir dans quelle mesure elle entend user contre tout ce qui n'est pas Israël d'un certain fonds inassimilable.

Elle a, en effet, quelquefois, autrement, la mentalité de l'Église qui ne pardonne guère à ceux qui se permettent des oppositions en face de sa politique. Néanmoins, elle détient des réserves et, à travers des défauts, ses qualités admirables, nécessaires à l'entente universelle du genre humain ; or l'heure serait venue, plus que jamais, de tenter celle-ci d'une manière enfin véritable. Il faut en finir avec toutes ces divisions dévastatrices, dont l'antisémitisme est une des plus absurdes. — Cet ensemble contradictoire venait interroger tout à coup, impérieusement, en les sommant de répondre, deux jeunes bourgeois qui ne savaient que leurs rêves d'honneur et de beauté, leur dévouement à l'Idéal, leur volonté d'exactitude, leur passion de dévouement à l'art d'écrire, qui avaient la haine du règne de l'argent et le sentaient de part et d'autre, courir, torrent boueux, mais puissant, sous les machines de ce drame à double fond. — Notre seul tort avait été de ne pas chercher à le mieux connaître par un travail matériel régulier, qui eut complété notre effort intellectuel.

Que savions-nous, en effet ? Comment avions-nous été préparés au rôle de citoyens ?

Je crois pouvoir résumer ainsi la manière dont nous sentions, plus que nous ne comprenions, la patrie, le régime, la vie politique. — Nous étions prodigieusement ignorants. On ne nous avait pas plus préparés à la politique qu'à l'amour ; sans doute on ne peut les apprendre, il faut le faire soi-même et la politique personnelle seule compte, mais on ne nous en avait jamais rien dit, sinon que les femmes, toujours dangereuses, risquant de rendre malade, il valait mieux attendre, et que la politique, toujours infecte, d'ailleurs incompréhensible, ne procurait que tourments et déboires. On nous avait mis en garde sans aller jusqu'à risquer le parallèle, mais en le suggérant, contre la salle de jeu comme contre le Palais-Bourbon, dont on parlait peu, ou en haussant les épaules; on nous avait maintes fois répété que de pareils milieux étaient déplorables et que la plupart des hommes politiques étaient des imbéciles ou des canailles, des « vendus ». Voilà ce que pense le plus couramment en elle-même, sans le dire si crûment au dehors, sauf dans les grandes occasions, toute une partie de la bourgeoisie à l'égard du régime qui est le sien. Voilà comment elle prépare ses fils fortunés à son exercice, à son maniement, au choix difficile du bulletin de vote. Étonnez-vous ensuite que le régime en question n'ait pas encore porté tous ses fruits! Je m'émerveille qu'il ait eu tant de résultats sérieux, excellents et durables. Ajoutez l'abandon des rouages politiques à qui est assez adroit ou vaniteux pour entreprendre leur conquête, prêt à toutes les besognes et qui reconnaît vite, les premiers pas faits, quelques portes dépassées, que l'absence de conviction réelle, pourvu qu'on en simule une, intangible dans ses principes, sinon dans l'usage varié de ceux-ci, l'intrigue, surtout l'acceptation enjouée, cordiale, des pires contingences, mènent plus loin et y font plus que le talent, le sérieux, le caractère, la recherche de la Vérité. Le secret des à-côtés, des errements perpétuels, enfin du médiocre néant de la politique, réside surtout là. Il est vrai que j'ai entendu des sages aux barbes vénérables, généralement âgés, soutenir que cette stagnation, pleine de garanties et de sécurité, était un bien.

Nous ne connaissions donc rien de la machinerie politique de notre temps. Les données qui nous avaient été fournies au collège demeuraient vagues, subordonnées strictement à ce qu'il fallait en savoir pour les examens. Nous n'avions à l'égard de nos institutions, ni curiosité, ni confiance; on nous avait tant dit, tour à tour, qu'elles étaient insipides ou redoutables, que nous n'y croyions pas. On nous avait assuré, en outre, qu'il valait mieux ne jamais se frotter ni aux lois, ni aux ronds-de-cuir chargés de les administrer, ni à la justice; et notre paresse à ce sujet, notre répugnance s'étaient accrues de notre ignorante présomption; c'est même sur cette anarchie latente que nous basions notre révolte, comme par ailleurs, sur l'injustice que nous découvrions naturellement partout. Nous aimions notre pays, mais en nous préférant à lui comme à ses obligations; nous ne les connaissions, ni ne nous connaissions assez nous-mêmes pour un choix préférentiel judicieux, pour comprendre qu'il dépassait nos personnalités éphémères, en même temps que saisir tout ce que celles-ci lui devaient, ce qu'il leur apportait, pourquoi et comment, sur tant de points, il était difficile de les séparer sans se diminuer soi-même, ce qui l'interdit ou ce qui en donne à la rigueur, à travers même l'amour qu'on lui garde, de le mieux servir, le droit. Nous n'avions pas encore voyagé à l'étranger, ou à peine, — Angleterre, Belgique ou Hollande seulement pour mon compte, — nous n'avions pas assez souffert, car il faut certaines douleurs, le malaise progressif de l'isolement à l'étranger et la comparaison plusieurs fois établie, pour savoir toute la valeur de la France, son immense douceur, — n'en déplaise au Forain des dessins d'autrefois, — l'apaisant bienfait qui résulte de ses mœurs pacifiques, fines, malicieuses et loyales. Enfin, de même que pour la possession permanente d'une moralité supérieure, il est bon d'être revenu de toutes les désillusions sur les êtres, peut-être faut-il aussi avoir épuisé l'ingratitude et la sottise de ses concitoyens, accepté d'être meurtri et lésé pour eux dans un présent auquel on superpose l'un vers l'autre, le passé et l'avenir, ce passé tel qu'il s'est écrit au long d'une étonnante histoire, l'avenir tel qu'il se présume dans ses promesses d'après celle-ci même, vers ce qui doit être, pour donner, tout donner à la terre natale qui porte nos pas et les soutient en attendant qu'elle nous recueille et nous mêle éternellement à son mystère; le quotidien passager seul déçoit; l'élément immortel qui s'y incorpore, en dépit des individualités, console toujours. La notion plénière du sacrifice ne peut, sauf dans la passion, s'imposer d'une façon permanente qu'après une suite d'épreuves; la première jeunesse la récuse. L'idée de patrie avait alors contre elle de n'être pas à la mode, et il y a une mode des idées comme des costumes, comme des mots, comme de tout. Nous sacrifier au culte des lettres était, dans une certaine mesure, nous sacrifier à nous-mêmes, ce qui transformait l'holocauste en une dévotion inavouée à notre propre individu. Barrès, fort lu de tous les jeunes, enseignait le culte du Moi, l'utilisation exaltée de son égoïsme, et si, pour ma part, je ne m'acceptais de la sorte que pour mieux me vouer au *nulla dies sine linea* de Stendhal, si, en plus de ceci, je trouvais ailleurs que les autres, légitimée par la construction intérieure toujours améliorée dans le sens de l'Esprit, la justification de ma préférence, j'y pratiquais, néanmoins, bien qu'anobli par son but, une sorte d'égoïsme sacré. Au théâtre de l'Œuvre, en dépit de leur idéalisme, les pièces d'Ibsen m'y inclinaient; *Solness le constructeur* avait ma préférence. Schopenhauer de même, Nietzche surtout, qui célébrait le renoncement à la contingence nationale pour mieux exalter l'effort individuel jusqu'à la tension constante vers une sorte de cosmopolitisme composé du plus absolu des différents grands hommes par delà leurs patries respectives, jamais préférées, sauf quand elles répondaient exactement à ce qu'ils estimaient ce qu'elles devaient être, c'est-à-dire à leurs idées, ainsi qu'à leurs personnes. — Plaines bouleversées, remuées de fond en comble, mais en friche pour les graines diverses, fort mêlées, lancées à toute volée par les semeurs de l'Affaire, aux moissons nombreuses, successives et contradictoires, quelques-unes à très longue échéance, au point que je me demande si tout a été dit ou découvert, du moins si l'enseignement total, sûr, que l'avenir en fera sortir, a été cueilli. Je ne le jurerais pas.

Enfin la « bêtise bourgeoise » était notre Méduse, aux serpents multiples, enlacés, dont il fallait couper la tête; elle parlait, à tort et à travers, de la patrie, tant et si mal, qu'elle la rendait antipathique à force de la monopoliser à son profit; elle paraissait avoir l'usage exclusif de la

France, seule le droit de la représenter, de discourir en son nom; poids d'importance aux plateaux de notre jugement. Pas de patrie révolutionnaire, d'autre part, puisque, de ce côté, admis, posé en principe que la prééminence de l'idée patriotique impliquait un renoncement, une faiblesse, presque une tare, une diminution absolue, en tout cas, de l'idéal à défendre, de la thèse à soutenir; on évitait d'en parler, sauf quand un argument susceptible de servir la cause pouvait s'y rattacher, ce qui constituait un excellent moyen de propagande; en réalité, de ce côté-ci de la lice où l'on s'élevait vite aux considérations supérieures, aux « altitudes », il ne devait exister qu'une patrie, celle des intelligences libres; cette grande patrie dominait l'autre, la petite, venue des hasards de la naissance, et tout n'était pas inexact, — ce ne le serait même pas du tout si c'était possible, et moins si ce postulat heureux, si nécessaire, pouvait se réaliser bientôt, — dans cette donnée de terre promise. Nous n'avions pas plus appris à dégager les éléments de la patrie française que nous ne savions encore, à travers les femmes et celle qui était, fût-ce momentanément, notre amie, délivrer — pour notre agrément comme pour le sien, — retenir, — ceci pour le nôtre seul, — et posséder, — pour notre joie commune, — la femme éternelle. De même, plus tard aussi, enfin, pour les idées justes, étoiles sur la mer noire des idées fausses, ténébreuses. De même pour le reste, puisqu'on n'atteint l'harmonie centrale de tout que par une mise au point sans cesse renouvelée, à l'aide d'un fonds stable de connaissances minutieusement acquises, progressivement accrues, elles-mêmes maintenues vivantes par des inspections, des recherches et des confrontations superposées vers une précision plus grande.

Le colonel Picquart exaspérait plus particulièrement mon ami. « L'autre encore défend sa peau et toute la smala pousse des hurlements d'écorché pour apitoyer et faire peur, mais lui... de quoi j'me mêle ; » C'était à ses yeux, « la pilule d'héroïsmine pour demoiselles Monod, vieillies, à la fois desséchées et coulantes sur leurs mauvaises mœurs solitaires, mais le second doigt de l'autre main sur la bouche et les yeux vers la vertu paradisiaque, le comprimé de gouache azur à l'usage des scélérats qui ont besoin d'un passeport renouvelé, autant que possible vierge de nouvelles taches à l'avance, d'ailleurs b. s. g. d. g. en dépit de sa protection évidente, bien que sournoise, le navet lymphatique, le beau militaire des citoyennes civiques et féministes, le coupe-papier sorbonnard, etc., etc. » Car plus l'Affaire se déroulait, plus il s'irritait. Il était aussi dur, d'ailleurs, pour ses partisans qu'il estimait souvent odieux, jugeait durement et surchargeait de qualificatifs identiques sans indulgence. Cavaignac et Picquart, m'assurait-il, se ressemblaient comme deux frères, mais qui n'étaient pas partis du même couvent, fréquentaient des mondes opposés, comme leurs situations. « Si Picquart, ministre de la guerre à la place de l'autre, avait eu comme maîtresse une religieuse, il eut parlé comme Cavaignac ; si celui-ci, arraché aux influences déprimantes de son milieu, devenu très calotin, dépassant la rigidité du faux quarante-huitard, celui qui a réussi parce que le vrai, son frère, l'apôtre, le meilleur, avait fait le contraire en mourant avant l'heure, sans rejoindre les incompréhensions embrouillées, honnêtes dans leurs tendances traîtresses, dans leurs actes, résultats de celles-ci, que Bonaparte mitrailla sur les marches de Saint-Roch en vendémaire, il eût défendu la vérité en marche, rataplan, roulez tambours, sonnez trompettes ! » Puis il se reprenait : « Je ne devrais pas dire ces choses, surtout que le comité de salut public manque ; il serait le bienvenu ; il nous mettrait en prison ensemble pour nous contraindre à ne plus nous brouiller. Nous y ferions crever d'incompréhension les mouchards collés à nos cellules par notre entente parfaite, car nous commençons le règne de la délation courante. Mon vieux, mes nationalos me puent au nez, comme toi les dreyfusards, ne dis pas non ou plutôt, dis non pour eux et pour la forme, mais ne te juge pas ; tu n'as pas le droit de te renier toi-même à force de te battre les flancs pour les trouver délicieux. » Vers la fin, malade de plus en plus, exaspéré, il avait sur le mur de la maison de santé, où on l'avait conduit d'abord, le portrait d'Estherazy, parallèle à celui de Picquart, et il se vengeait de devoir préférer le premier, par d'affreux sarcasmes. Puis, l'orage passé, il se lamentait : « Il n'y a donc rien de vrai en ce monde, nulle part ?... Il ne vaut pas de vivre alors, j'aime mieux disparaître : j'ai d'ailleurs commencé puisque je suis immobilisé ici. » Mais son regard me fixait, cherchait la vie, attendait la protestation spontanée dont il guettait l'élan, la forme, le ton, craignant d'y découvrir, là encore, là toujours, le mensonge. Et l'empoisonnement du sang, qui nous l'arrachait chaque jour un peu plus, se mêlait, dans les méditations des veilles nocturnes, à celui du monde, qui nous semblait commencer. Il me dit aussi un tantôt où il paraissait mieux, les jambes moins enflées : « Qu'ils nous foutent donc la paix avec leurs sales histoires dans lesquelles ils nous embringuent pour nous vider mieux, plus facilement, demain, du bon sens qui nous reste ! Quelles âneries ! Quels pétards, quels feux d'artifice, quels artichauts pour le populaire, et nous, gobeurs, nous emboîtons le pas ! J'aime mieux « tout de même », mon cher « tout de même », (j'avais déjà l'habitude de le dire souvent), la musique militaire, riche de cuivre, blaguée par ton collègue Baudelaire (Charles, au moins le premier jour qu'elle s'a donnée, c'te femme, la douce madame Sabatier)... Va, nous ferions mieux de reprendre nos livres, nos grands cahiers, nos plumes, moi mes plumes d'oie, toi tes J pen. » Il ajouta : « Et, loin de nos grandes dames, du quartier ou d'ailleurs, nos bonnes petites putains. » Il rêvait aussi de se marier. « Mais est-ce possible ? » demandait-il.

Ce n'était pas l'affaire Dreyfus qui, en accentuant chaque jour davantage sa nervosité, l'avait mené là. Ce n'était pas non plus seulement lui-même. Il est rare qu'on se détruise seul ; il y faut, le plus souvent, la femme. Je ne sais si, suivant le mot de Michelet, elle est la fatalité, mais je crois volontiers que c'est elle, comme la guerre dans la vie collective des nations, plus qu'elle encore, puisque celle-ci, au moins, un jour ou l'autre, se termine, qui restaure, recrée, impose et règle le règne du Hasard dans la vie des mâles. Malgré les géomètres de la conception purement intellectualiste, trop prisonniers de leurs théorèmes pour connaître les résultats de l'Amour, du plaisir et du vice, on ne répètera jamais assez que le rôle de la femme dans chaque existence masculine est énorme et, souvent, à certaines périodes, en décide. Une recherche ordonnée serait à entreprendre sur son influence, les conséquences du degré de ses sentiments, les résultats de ses calculs ou de son laisser-aller; il pourrait en résulter un bien significatif, baromètre des facultés augmentées, diminuées ou perdues, par suite de son passage comme de sa permanence, une table des réussites, des échecs ou des stagnations, des morts naturelles ou des suicides, des années prolongées ou restreintes. La plupart du temps, souvent à son propre insu, elle a donné le coup de pouce qui décidait du reste. Que de responsabilités inouïes sur le sexe, quand on les évalue, bien plus lourdes, bien moins discutables que les nôtres; elles vont croissant au fur et à mesure qu'il devient pire. La liberté de plus en plus accordée ne sera le remède que si elle lui permet de les sentir, de les mesurer. Mais comment croire que cela soit ? Et même si une conscience exacte naît à la fin sous ses seins, dans sa poitrine vide, qui assure qu'elle ne préférera pas l'étouffer ? L'Humanité virile souffre à cette heure que la femme lui permette de moins en moins de réaliser la maxime fameuse du Vinci : « L'amour est d'autant plus fervent que la connaissance est plus parfaite. » Plus il la connaît, plus il est forcé, avec douleur, de s'écarter de l'Amour qu'elle rend impossible afin de ne prendre d'elle que le plaisir et de s'en contenter, tristement. La chose aimée, comme dit encore l'athlète merveilleux de l'Intellectualité, étant vile, sans que le doute soit possible, l'amour s'avilit. Il ne lui reste, hélas, qu'à rêver, en la sachant irréalisable, au moins pour sa vie, sur la vérité dont il sait la justesse. « Quand la chose unie convient à son serviteur, il résulte délectation, plaisir, *sérénité*. Quand l'amant est uni à l'objet aimé, il se repose. » Hélas ! nous ne nous reposons plus jamais, car nous ne cessons d'être conjugués avec des objets que nous ne pouvons pas aimer, qui ne nous laissent rêver à l'amour lui-même qu'à travers ce qu'elles sont, vers ce qu'elles devraient être, et ne sont jamais. L'orgueil viril, venu de sa déception, de son regret, de sa douleur sourde, ne veut pas s'avouer toujours que l'adversaire en a décidé, mais, seul à seul avec soi-même, il se le confesse en secret, les soirs de détresse lucide; et cette humiliation, dont il lui faut savourer l'injustice comme un poison qui le mine, quelquefois le corrompt, sans qu'il puisse s'en désintoxiquer, augmente encore son silence, sa discrétion mortelle, sa réserve méfiante. Là se cache le secret de ses secrets. Là dort, rouillée sous une eau noire, lourdement ténébreuse, battant lentement les douves profondes qui l'emprisonnent et qu'elle ronge en vain, la clef de multiples châteaux merveilleux, les plus beaux, peut-être. — La Belle au Bois Dormant n'est pas seulement un conte.

Devant nos deux aventures parallèles, je me demande si mon salut ne vint pas, pour une bonne part, d'avoir rencontré vers ma vingtième année, une femme de trente ans, alors que son malheur fut d'aimer à un peu plus de vingt-et-un ans une personne de son âge, mariée en outre, depuis peu. Je devais souffrir plus tard, après pas mal de bonnes années qui, elles aussi, me préparèrent et m'éduquèrent. Ou bien fut-ce simplement notre santé différente, suscitatrice de ces ressorts mystérieux qui soutiennent invisiblement nos efforts, nos résistances, nos volontés, sans que nous nous en doutions tout à fait, ramenant à cette volonté même, qui ne peut pourtant rien si elle ne trouve pas, dans les profondeurs de l'être, les moyens de se maintenir, les aides qui la réalisent ? Car il lutta farouchement, sans se plaindre, admirable de courage stoïque contre la maladie qui l'envahissait une fois qu'il l'eut aidée et, peut-être, déclanchée. Sa pâleur constante aurait pu, selon moi, être vaincue, s'il n'avait pas dépassé la limite où, à en compromettre, davantage, les raisons, et à en augmenter les motifs, il vouait décidément ce que son physique avait d'insuffisant, de douteux ou de mauvais, à le détruire.

Histoire banale, naturelle, dont l'héroïne funeste ne se douta pas, ne se douta même jamais, du mal qu'elle fit : « Allons donc ! » serait l'expression de sa réplique, indignée encore, peut-être, qu'un peu troublée dans sa surprise. Mais moi, qui ai eu toutes les confidences une à une, qui par elles et sur lui ai suivi les progrès du mal, je sais bien qu'à l'origine de cette décadence précipitée d'un être sensible entre tous, évidemment sur le terrain déjà préparé d'une santé mal engagée mais qui, par douleur impossible à vaincre, décida de se détériorer tout à fait dans la violence des sensations qui étaient les plus contraires à sa nature matérielle comme à sa naturelle morale, il y eut l'amour qui était sa vie, et qu'il ne pouvait plus vivre.

Il ne l'aima pas d'abord, comme toujours, puis comme toujours aussi près d'une femme où tout est délicieux, son être, sa grâce, son charme, — tant pis pour l'abus fait de ce vieux mot, si français, qui garde sa magie, — comme sa parole et ce qu'elle lui fait dire, il fut possédé. De la liaison mondaine, il arrivait à la liaison tout court, du désir, à l'amour, insensiblement, et, de n'avoir pu aimer, comme, aussi, d'avoir résisté à la tentation de le faire ailleurs précédemment une ou deux fois, il était encore plus vulnérable; de ce que notre amitié enfin, blessée par l'affaire Dreyfus déjà, s'espaçait du fait de nos deux maîtresses. La sienne le laissait plus libre que la mienne, mais elle ne l'en tenait, entraîné comme il l'était, que davantage. Finie, close — hélas ! — cette existence unique où nous nous rencontrions chaque jour, au moins une fois, où, si rarement, nous ne prenions pas un repas ensemble, souvent les deux. Impossibles, à jamais terminées, les flâneries sur les quais et « le boul' Mich' », aux terrasses des cafés, à la pointe de l'île. Momentanément voilée, cette flamme exclusive de dévotion littéraire, ou du moins, devenue autre et qui faisant battre sans cesse notre cœur au-dessus de tout, s'exaltait au banquet de Verhaeren comme à l'enterrement de Verlaine, un froid matin d'hiver. Crevée cette concentration sur la recherche du Beau et du Vrai. Abandonnées ces longues lettres des vacances où nous allions jusqu'au bout de nos confessions rénovatrices. D'autres soins, d'autres soucis, d'autres tourments nous requéraient, qui ne viendraient plus toujours, désormais, de nous-mêmes, ou, du moins, de nous seuls, mais qui nous avaient été si bien suggérés qu'il n'y avait pas moyen de s'y soustraire et qu'ils étaient déjà devenus une habitude. Sorties, visites, dîners, rendez-vous. Mme de Tinan avait vu juste, l'habit nous attendait chaque soir dans notre chambre. Nous devenions très chics et s'il me semblait que ce fût fort bien pour moi, par suite d'une complaisance à mon endroit que je n'étendais pas à mon ami, je regrettais mon ancien Tinan; il me semblait que ce n'était plus lui. Il trouvait, d'ailleurs, que le tube lui allait mal et en ressentait un regret véritable, seule ombre légère au tableau d'abord, car il était fêté partout. Comment ne pas l'aimer? Les plus prévenus, il en était déjà, dépassaient vite le côté poseur que certains, qui l'ignoraient, décrétaient tel sans savoir qu'il signifiait une sorte de réserve timide, venue chez lui d'une sensibilité toujours en éveil, atteinte par les moindres choses, que la plupart ne remarquaient pas, et qui le menait à se refermer, lui, si plein d'expansion, si porté, de toute sa hâte, peut-être même, à se laisser vivre.

Heureux au début, il devint bientôt sombre. Il m'avait dit dans les premiers temps, avec une expression de plénitude encore inconnue : « Que veux-tu ! Nous sommes des fous et je l'adore. » D'une voix plus grave il me murmura trop tôt, comme se parlant à lui-même : « J'en suis sûr, je l'aime. » Puis l'heure sonna, fatale, où des confidences incomplètes, souvent truquées, il passa aux réserves. Je lui en voulais, oubliant que je faisais de même. Nous savions fort bien, l'un et l'autre, de quoi il s'agissait, mais nos aveux, de plus en plus retenus, quant à nos sentiments, ne se consentirent pas celui de celles qui les suscitaient; il y fallait, pour lui, le malheur, l'abandon, le désespoir. Une seule fois, moins certain peut-être, que je ne l'étais à son sujet, après mille détours, il me questionna sous un regret : « Enfin, c'est naturel qu'on ne te voie plus. Elle est charmante la petite Madame Z... Car c'est bien elle, n'est-ce pas ? » Et comme j'hésitais, silencieux : « D'ailleurs, tu n'as aucune confidence à me faire, tout le monde le sait. Non, tu en es encore à croire qu'on peut prendre une femme à Paris, sans que, dans les huit jours et, même, dans les vingt-quatre heures, les gens en jasent !... » Je sentais qu'il m'en voulait de ne pas l'y avoir conduit; de fait, il y avait là, de ma part, une retenue singulière, étant donnée notre intimité. Il n'y entrait aucune mesure de précaution, mais cet oubli auquel je me refusais de penser, sinon pour me mentir en y découvrant une pudeur, venait d'un instinct invincible qui, les passades du Quartier finies, m'a toujours, et de plus en plus, fait garder pour moi seul, sans confidence possible, le jardin suprême de mon existence. Je connaissais son amie depuis quelques années, il ignorait la mienne; pourquoi la lui faire rencontrer ? J'avais peur, à la fois, de ses éloges et de ses critiques. Au fond, certitude affreuse, il n'existe plus d'amis vis-à-vis de celle qu'on aime, sans pouvoir être jamais certain d'elle, — ni de lui ! — ne serait-ce que parce que cet ami semble redevenir un homme et le plus séduisant. Il n'est pas d'ami, non plus, auquel l'emprise d'une maîtresse fasse grâce du moment qu'elle vous veut tout à elle, et c'est surtout le plus sûr, le plus sincère, le plus dévoué, — le meilleur, — qu'elle déteste davantage en s'ingéniant à vous le laisser voir le moins. Ce sentiment s'étend à la maîtresse de cet ami pour d'autres motifs, de telle sorte que, de part et d'autre, là encore, tout se réunissait afin de nous séparer de plus en plus.

Il se fit présenter à Madame Z... — la mienne — à mon insu, chez elle, et elle me le raconta, enchantée en apprenant qu'il ne m'en avait rien dit, plus satisfaite surtout quand, après plusieurs rencontres le soir, au Weber, elle sut qu'il avait gardé le même silence. J'étais atteint au fond de moi-même, et cette blessure qui le retirait un petit peu, momentanément, de mon cœur, le rapprochait, sinon du sien, du moins de sa sympathie. « Tu vois que j'avais raison, ce n'est pas un ami véritable », me glissa-t-elle avec un accent de tristesse. Infâme lâcheté de l'homme ensorcelé qui m'avait cousu les lèvres en ne les ouvrant que pour détourner la conversation ! Et le lendemain, le retrouvant au théâtre, je le regardais avec stupeur, en même temps qu'une rage secrète m'animait contre lui. Je songeais à celle qu'il aimait, dont, contrairement à lui, auquel on trouvait des qualités, l'amitié mise à part, on me disait de plus en plus de mal, parce que je la rencontrais de temps en temps, en visite ou en soirée, car les femmes se détestent toujours entre elles, sauf des cas spéciaux, et se méfient, autrement que les hommes, mais pour les mêmes raisons et plus qu'eux, les unes des autres, indiquant ainsi elles-mêmes ce qu'elles valent. Bientôt il se montra tout amertume. Son ironie, de plus en plus âpre et âcre, mordait les choses et les êtres, cruellement. Sa réputation d'esprit augmentait. Oublieux de son mutisme sur ce qui me tenait tant à cœur, sûr qu'une autre visite n'avait pas suivi la première, je le détaillais avec inquiétude. Il me paraissait tendu à en crier et je m'étonnais de ne trouver jamais dans ses regards, dans ses gestes, dans son allure et toute sa personne, cette aisance légère que vaut la lassitude amoureuse. Si elle l'aimait mal, lui, au moins, l'aimait et la prenait, et pourvu qu'elle fût à lui déjà, de cette façon qui permet de tout mener plus loin, le jour même où il l'avait eue, comment donc ne se consolait-il pas du reste — qui est, sans doute, l'impossible ? Mais le beau rayon encore doré de la volupté cueillie, même dans l'angoisse du mensonge, ne détendait plus son visage, n'éclairait plus ses yeux. L'installation Place du Palais-Bourbon, qui lui avait causé tant de plaisir, n'était plus rien. J'essayais de solliciter cette douleur que je savais seul; elle restait muette. J'aurais voulu faciliter qu'elle s'allégeât d'une allusion, mais il se cabrait à la moindre des miennes, puis d'un mot habile, impossible à tourner, m'arrêtait net; une seule fois, il me dit : « Tu as l'air très heureux, comment t'y prends-tu ? — Je me laisse vivre sans aucune arrière-pensée aux heures douces. — Comme c'est commode, il faut pouvoir ! » soupira-t-il. Puis reprenant son masque : « Heures douces, eaux-douces, les eaux douces d'Asie... gentil, ça; il y aurait quelque chose à en tirer, ne serait-ce qu'un voyage à Constantinople... Si je fichais le camp, viendrais-tu ? Mais non, tu ne viendrais pas, tu ne pourrais pas venir, tu n'as aucune raison... » Et il baissait la tête, le regard devant lui, sans voir. Autour de nous, le Weber bourdonnait correctement et, seuls, à notre table, devant nos pintes, nous nous taisions, de plus en plus, au lieu de nous parler, de plus en plus aussi, comme autrefois, — autrefois !... Heureusement les camarades arrivèrent — arrivaient — et les exigences de la conversation — puisqu'il faut converser quand on est plusieurs — nous séparaient moins de nous-mêmes. Kurnonsky, joufflu, détaillait une aventure féminine invraisemblable, où la flagellation et les mollets jouaient le rôle trop attendu. Toulet, à côté de lui, maigre, amer et pincé, long sur lui-même, don Quichotte subtil de son dévoué Sancho Pança, le remontait en selle, sur l'âne de la réalité d'un mot volontairement spirituel qu'il soulignait d'un rire grinçant. Paul Leclercq annonçait l'arrivée d'un Tapier ganté de fil. Octave Raquin bombait encore son énorme front, timbré de cheveux roux, sur son monocle et sa poitrine, sous son plastron empesé, fermé tout entier sur toute la ténacité trapue de son visage et de sa personne. Louis de la Salle lissait amèrement sa jolie moustache en laissant aller son ventre, qui commençait à bedonner. André Rivoire fumait, retirant l'une après l'autre sa cigarette de Maryland du petit paquet vert, les yeux derrière le lorgnon vers la porte pour voir qui arrivait. Le docteur Wurtz avait une histoire de pêche, Jacques Loisel, une histoire de chasse. Et Labrouche, joyeux de ce privilège, racontait, seulement inquiet qu'on ne le sût déjà, le dernier mot de Forain dont il croyait imiter la voix à merveille. — Il n'y est pas encore parvenu de nos jours.

J'avais quitté Montmartre pour l'avenue du Bois et Jean ignorait encore mon petit cinquième de la rue Lesueur d'où j'avais vue, — toujours mon besoin d'air et de lumière, — sur les toits, jusqu'au mont Valérien. Le pis était que cet oubli, — involontaire, celui-ci, — nous parut naturel, meilleur aussi peut-être, à mes yeux à certaines minutes, car mon appartement et celle que j'y aimais, ne faisaient qu'un. Ce fut sans remords, sans regrets, qu'il m'annonça, longtemps après mon installation, sa visite. « Tout de même, mon cher tout de même, il faudrait que j'aille voir ta cage. » En arrivant, essoufflé comme jamais, il se plaignait de ne plus pouvoir monter les escaliers. Puis, après les compliments, les appréciations, les critiques, tout examiné, les souvenirs : « Tiens, tu as gardé ça, tu te rappelles ? Nous l'avons acheté ensemble, » il trancha net, allongé sur mon divan vert, la main vers une boîte d'allumettes pour rallumer sa cigarette, de plus en plus éteinte : « Mon vieux, tu es trop bien pour travailler. » Il ajouta : « Moi aussi, d'ailleurs. » Tout se révélait changé, au moins par rapport avec ce qui avait précédé. Constatation incroyable, il avait l'air de me faire une visite. C'était fini. L'Amour avait chassé l'Amitié; chez chacun il en avait pris la place. Les voyages au cours desquels nous nous écrivîmes à peine, — et j'y fus, je crois bien, le plus fautif, — accentuèrent la cassure.

Nous nous retrouvâmes pourtant à plusieurs reprises, mais autrement, jamais tout à fait.

Sauf une fois.

Plus nerveux, plus refermé encore sur soi pour tout ce

qui le concernait personnellement, il réapparut, un jour, aux boîtes de Montmartre et chez Maxim's, se rapprocha plus intimement des habitués. Il ne pouvait plus rentrer se coucher. « A quoi travailles-tu ? — Je me le demande. » Une fin de nuit, je risquai la question différée : « Ça ne va donc pas ? — Pas fort, mon vieux, pas fort ! » Il semblait à bout. Nos camarades eux-mêmes, en face desquels il se contenait toujours, ne retenaient plus, par leur présence, l'expression de sa lassitude, inquiète. Moins soucieux de ce qu'il voulait paraître, il devenait peu à peu indifférent à ce qu'on pourrait dire ou penser sur son compte. Pauvre petit visage, toujours fin et beau, mais torturé, amaigri, allongé avec je ne sais quoi de pincé aux lèvres et aux ailes du nez, tel qu'Henry Bataille l'a bien pris dans la lithographie connue, « Jeune homme que la vie de Paris fatigua ». Le corps même se voûtait aux épaules, s'amenuisait sous la cape, qu'il reprenait quelquefois, notamment pour aller au jour du *Mercure*, rue de l'Échaudé. — J'y vois encore Henri de Régnier lui tapant sur l'épaule, tandis qu'il était comme écroulé sur une chaise dans le cabinet d'Alfred Valette : « Eh bien ! Tinan, ça ne va donc pas ? » C'était la même question que la mienne qui venait naturellement aux lèvres en le voyant. « Non, ça ne va pas, ou du moins ça ne va guère. Merci. » Il ne leva pas la tête.

Ça n'allait pas du tout.

Enfin, un autre soir, je reçus un bleu où il me priait de venir le lendemain matin, dès que je pourrais. C'était toujours de sa belle écriture, qu'il garda jusqu'à la fin.

« J'ai absolument besoin de toi. C'est toi seul, mon bon André, qui peux m'entendre. Viens vite, je n'en peux plus. Je suis bien malheureux... Ton J. » — Que n'avait-il pas fallu pour qu'il me revînt ! Après sa réserve, un pareil télégramme me bouleversa. Sous quelle douleur poignante, absolue, qui avait tout submergé, devait-il être noyé, pour qu'il en arrivât à ne pouvoir plus faire autrement que d'appeler au secours. Son courage habituel me précisait la violence de son mal, le vide épouvantable de sa détresse. Je me demandais si je n'avais pas été coupable. Je me le demande encore. J'aurais dû prévenir et prévoir, insister comme il avait fait, lui, dans mes heures dangereuses, pourtant moins menaçantes, moins prolongées que les siennes, quitte à le blesser, quitte à l'écarter d'abord de moi. Mais il était mon aîné. J'étais usé aussi par mes propres doutes, mes propres peines, qui avaient commencé. Enfin, ainsi que je le notais plus haut, avait-il encore en lui la réserve de forces nécessaires à l'horrible duel qui consiste à tuer en soi ce qu'on y préfère, à quoi on tient plus qu'à soi-même ? Je ne le pense pas. Il faut en de pareilles périodes qu'une sorte de vigueur réveillée réponde de suite à l'appel défensif de tout l'être en danger ; il faut que toutes les résistances s'y accumulent vite ; alors il se surmonte ; alors il forge le glaive de son propre sacrifice. Or, c'était l'âme elle-même, comme une lame intérieure, qui achevait en lui d'user le corps et de percer le cœur. Plus rien ne pouvait le sortir de lui-même et le redresser. Pourquoi donc la fatalité qui pèse sur la vie et la rend stupide, veut-elle, en général, qu'il soit nécessaire d'avoir passé quarante ans pour qu'on ose, totalement, ne plus douter de son cœur viril, suivre les conseils qu'il vous suggère, exécuter ensuite les actes qu'il réclame de vous, les ordres qu'il vous donne ? Parce que, sans doute, à force d'avoir souffert, on commence à ne plus croire le bonheur possible, parce qu'il se fait tard aussi, trop tard, et qu'on est, peut-être, moins vivant, plus solide sans doute, mais à la façon d'une statue déjà marquée. Plus certainement encore, parce qu'on sent vaguement, sans oser se le dire, qu'on ne peut plus être aimé...

Dès la porte, il s'ouvrit comme elle : « Oui, mon vieux, c'est fini ! » Je protestai. « Si, rien à faire et ce ne serait rien si je pouvais l'oublier, mais voilà seize jours que j'essaye, car il y a aujourd'hui seize jours que je ne l'ai vue ; et je ne peux pas, je ne peux pas... je ne peux même plus vivre ! » Il s'écroula sur son tabouret, face à sa table d'architecte, devant la fenêtre qui donnait rue de l'Université — la rue où il devait mourir, plus loin, après celle de Solférino, — et sanglota. « C'est bon de ne pas pleurer seul, me dit-il, je te remercie... » Je protestai encore, accablé, impuissant. « Si, tu me fais du bien, ta présence est énorme... pardonne-moi, mais je l'aimais tant ! je l'aime tant ! » Il pleurait tant que je pleurais aussi. Quoi de plus atroce que les pleurs d'un homme quand on est son ami comme j'étais le sien ? — « Tiens, elle m'a pourtant aimé ! » Il poussait et ouvrait vers moi un petit coffret de bois aux lettres pas très nombreuses où je reconnus la longue écriture à angles pointus de celle qui m'avait envoyé, encore jeune fille, une petite cocotte en papier sur lequel étaient de sa main les deux vers suivants :

Beau, jeune, illustre, fier et déjà très poli,
Est-il bey de Tunis ou bey de Tripoli ?

Je n'osais pas lire, tout en lisant. Chaque ligne montrait sa sincérité, dévoilait le malentendu. Elle ne l'avait jamais que désiré. Elle était venue à lui avec la même franchise qu'elle s'en écartait, légère et galante, incapable, comme la plupart des femmes, d'aimer dans son ami autre chose qu'elle-même et son plaisir. Et moi qui m'étais trompé de même, qui devais me tromper encore, souvent, surtout, quand j'allais le plus aimer, je me demandais comment il avait pu se tromper de la sorte. Mais pouvait-il, pouvons-nous — pouvons-nous, nous autres, — ne pas aimer ? Pouvons-nous sur tant de plaisir, dans tant d'allégresse, épanouis par tant de bonheur, ne pas tout donner, peu à peu, de nous-mêmes ? Nous qui, peut-être, raisonnons et calculons tout, c'est là, justement, là où seulement, uniquement, totalement, nous nous reposons tant de tout le reste, qu'il nous est impossible de ne pas nous abandonner. — Je ne lui murmurais rien de semblable. Je lui disais tout le contraire. Je tâchais de lui parler selon ce qui pouvait le mieux l'aider. Mais que trouver dans un cas pareil ? Tout est maladroit, incolore, fade, insipide ou à côté; rien qui ne blesse. Qui a jamais consolé ? Le seul réconfort, si c'en est un, ne vient, comme il me l'avait dit, que de la présence d'un être sûr, devant lequel on peut se laisser aller et qui, lui, de son côté, règle tout ce qu'il répond, tout ce qu'il suggère sur les désirs et les besoins pressentis, devinés, de celui qu'il entend gémir. Il n'y avait pas, d'ailleurs, à laisser naître ou entrevoir aucune espérance, car il n'en avait plus; il savait que c'était irrémédiablement fini. Pourquoi ? Il ne me le dit point. Je m'en rendis compte à plusieurs reprises où j'essayai de croire à un avenir différent. Chaque fois il m'arrêta de suite : « Non, pas ça, c'est de la blague ! » Il reprenait alors son canevas lamentable où ne scintillaient plus, à peine, que de rares points d'ironie, derniers fils d'or ou d'argent, persistant encore, égarés, parmi les laines sombres. Et il allait et venait, décharné, maniaque, l'équilibre à jamais égaré, à travers cet appartement meublé pour elle, qui lui devenait sinistre, où il ne pouvait plus vivre, pas plus qu'en lui-même ou ailleurs, nulle part.

Sa douleur meurtrière inquiéta vite les siens. Son père m'en parla : « Ne le lâchez pas, il n'a confiance qu'en vous... moi je lui fais l'effet d'une vieille baderne et ma femme l'irrite. » Mélancolique, arrêté dehors sur la porte, portant toujours beau, sa main baguée d'une chevalière à sa grosse barbe longue, il me regarda : « La tournure que prend cette aventure est ridicule. De mon temps, il ne nous serait jamais venu à l'idée d'en arriver là, nous n'aurions même pas pu... Une fois de plus, il est incompréhensible... Vous trouvez cela naturel, vous ? — Quand on aime... » Il s'écria : « Aimer ! Aimer ! Drôle de jeunesse... il n'est pas que cela ! » Et dépassant la morne statue de la place, il sourit : « Il a là, chez lui, à sa porte, une petit concierge charmante. Vous, vous l'avez sûrement remar-

8

quée, car la passion ne vous empêche pas d'ouvrir les yeux; il est vrai que chez certaines natures compliquées, — et vous êtes tous très compliqués dans votre génération, — on les ouvre d'autant mieux que tout va bien, d'autant moins que tout va mal, ne sachant s'appesantir que sur le malheur et le mauvais côté de tout, jamais sur le bon, sans doute parce qu'on en fait moins facilement des livres... Toujours est-il que cette concierge est délicieuse, avenante, aussi soignée que sa loge et son escalier. Notez que cela arrive une fois sur dix mille. Cas rare, très rare, unique même dans la capitale, — Lutèce, comme disait mon ami du Sommerard. Le mari, qui est garçon d'assurances, use ses semelles toute la journée à trotter à travers les rues et à s'arrêter chez les bistrots. Tout est donc pour le mieux. Jean est servi sur un plat, et quelle caille dessus, mon cher, regardez-la, regardez-la bien ! Lui ne l'a même pas regardée. Ma parole, je crois qu'il ne l'a jamais vue, qu'il est impossible de la lui faire voir... Si j'étais à sa place !... » Il ne pouvait croire que cela n'eût rien changé. Il avait une sagesse pratique, qui se résumait à un mélange heureux de sensations physiques et d'expérience parisienne.

Pour se guérir, pour se finir plutôt, afin de se perdre, combien de fois Jean me répétait-il qu'il n'avait plus qu'à mourir et que la pensée qu'il allait plus vite ainsi vers la mort, le retenait, seule, de se tuer de suite, ne serait-ce que pour qu'elle eût un remords et le regrettât, car il en était là. Il glissa vers une existence effroyable. Nous sortions presque tous les soirs et quelles sorties, battant la capitale nocturne de la Villette aux Halles, du Quartier à Montmartre. Il n'est peut-être pas un lieu dit, je ne sais pourquoi, de plaisir, pas un bouge que nous n'ayons exploré. Rien ne l'arrêtait, ni conseil, ni supplication, ni fatigue. Il semblait qu'il cherchât tous les moyens de l'indifférence humaine dans tous les actes et tous les tableaux les plus de nature à forcer de voir jusqu'où peut aller l'abjection de la femme et qu'il n'existe rien à quoi elle ne consente, en quelque sorte fort naturellement. Et comme la douleur même de cette lamentable certitude n'entamait pas la sienne, n'y diminuait rien de celle qu'il regrettait, au contraire, encore davantage au milieu de ces déchéances et de la sienne propre, dont rien ne le délivrait non plus, il voulait toujours disparaître. N'y parvenant pas encore, il ne savait que souffrir sans fin, partout, et il augmentait la sombre frénésie de sa recherche pour hâter sa délivrance. Il l'accentua de la sorte, presque sans arrêt, jusqu'à l'avertissement de la maladie qui l'immobilisa sur la douleur physique extrême, annonciatrice de la fin, qui seule, pouvait écarter l'autre quelques heures pendant lesquelles même, oublieux pour la première fois, il souhaitait revivre et se marier. « Oui, oui, se certifiait-il violemment, je me marierai, j'aurai des enfants, tu verras ! »

A plusieurs reprises, sur moi-même et chez d'autres, je me suis appliqué à l'analyse qui nous retient à ce point au souvenir, au regret, au besoin irrésistible d'une seule femme, élue malgré elle entre toutes, exclusivement, et qui n'est même plus nôtre, qui ne veut pas le rester, qui nous l'a dit, répété, prouvé, de mille manières, jusque dans le plaisir même, auquel elle se dérobait, les dernières fois. Il me paraît bien qu'il y entre surtout, ou d'abord, comme pour toutes les douleurs, le bonheur certain d'une habitude façonnée à notre souhait, telle que nulle part ailleurs, nous ne sommes encore en mesure d'en découvrir, ni même espérer, une pareille, et cette assurance, que toutes les expériences différentes démontrent, (d'où leur danger), jusqu'à celle qui, — malheureusement, elle ne se présente jamais à cette date, — la dépasse, finit par se faire telle que nous nous y enfermons. A défaut du nouvel amour, presque impossible, d'autant moins qu'on le désire, ne voulant plus recommencer de la douleur, qui apparaît inéluctable, comme sa suite, une autre femme commode, qui nous plairait bien et resterait douce, soumise, nous aimant même beaucoup, tout en nous plaisant presque tout à fait physiquement, tranquille, tandis que nous ne l'aimerions pas, ou du moins, pour notre seul agrément, serait le meilleur remède. A moins d'une chance rare, inouïe, la cruauté du sort, — vieux terme exact, — veut qu'on ne la rencontre pas en ces jours dévastés, dans les instants favorables où son action insensible serait si lénitive. — Je la cherchais pour lui sans même l'entrevoir. Et comme celles qu'il prenait souvent au hasard, indifférent aux conséquences personnelles de cette triste fête, d'où qu'elles vinssent et quelles qu'elles pussent être, ne répondaient guère, en dehors de la volupté brutale qui était leur raison, à la détente oublieuse, reposée, délivrée de toute autre chose qu'elle-même que la mauvaise éducation — l'inéducation serait plus juste — des filles, leur empêche, presque toujours, de fournir, le regret de l'autre, au lieu de diminuer, allait s'augmentant.

Je mesurais une fois de plus combien la civilisation moderne est inexperte à extraire d'elle-même, en quoi que ce soit, sauf en confort mobilier, les éléments délicats, complètement goûtés, de ses joies et de ses plaisirs. Cependant ne se devrait-elle point de changer, dans son intérêt même ? Aucune époque de l'histoire, peut-être, n'a requis de l'homme un travail aussi constant, attentif, divers, mêlé en même temps que minutieux, et qui le maintient à jamais inquiet ou préoccupé. Une sorte de maison de repos aux personnes stylées à être intelligemment complaisantes et silencieuses, à devenir, enfin, ce qu'elles doivent être, ce pour quoi elles sont faites, serait d'une conséquence plus importante, plus étendue qu'on ne croit pour le calme des hommes, la régularité de leurs travaux, peut-être pour la paix générale des êtres. Si l'on pouvait allier aux nombreux avantages modernes les indications générales de l'antiquité telle que nous nous la représentons, non sans amélioration, sans doute, car la réalité devrait être autre, et, par certains côtés, moins fine que nous ne la supposons, (Mallarmé a écrit un admirable poème en prose, sur la femme d'autrefois, mais qui m'a mené souvent à me demander s'il ne l'inventait pas en partie, et si sa thèse ne découlait pas d'une certaine ignorance de nos possibilités ou même de certaines de nos femmes mêmes, quant au physique, au bout du compte, si la femme moderne, physiquement, je le répète, n'était pas pareille, peut-être même plus soignée, plus complètement mise en valeur aux conquêtes de la civilisation moderne), il y aurait moyen de créer un quartier de plaisir, un palais d'Astarté qui serait incomparable; proportionné à l'éducation, comme à la qualité des êtres, il délivrerait le monde contemporain de cette hantise sentimentale de la femme, qui, en dehors de la présence de la femme, le diminue, l'arrête, quelquefois, et finira par le perdre. Qui sait si la civilisation de l'Occident, comme celle de l'Orient arabe et musulman, par suite de l'excès contraire, ne périra pas par la femme ? Pour la vaincre ou, du moins, en venir à bout dans son emprise personnelle, la qualité des plaisirs permis ailleurs est trop médiocre, inférieure; elle blesse trop l'adolescent pour qu'il ne soit pas amené à aimer, choc en retour qui serait excellent s'il le conduisait au mariage, mais l'éducation de la jeune fille, destinée à être mère, n'étant pas préparée plus que celle de la courtisane destinée à ne pas l'être, le résultat est tout autre, quand, comme dans ces derniers temps, il n'est pas pire. La moralité ne peut s'opposer en rien à ce que nous disons ici; véritable, elle ne consiste pas, comme on le pratique depuis si longtemps, à éviter le problème, lâcheté qui a empêché, justement, de mettre la question au point et chacune à sa place; elle réclame, au contraire, l'examen loyal, sans réticence, qui, seul, mènera vers ce qui devait être et, peu à peu, le pourrait. Il me suffit de revoir nos expéditions nocturnes pour en être certain. Quoi de plus absurde que ces promenades, successives dans ces cabarets, dont l'un, dit du Néant, prenait la valeur d'un symbole, ou ailleurs, à travers les cafés-concerts, qui eux aussi, pourraient facilement devenir si bien, mais, à part quelques numéros, le sont si rarement, par ces restaurants de nuit monotones, tous semblables, où l'apparence et la richesse finissent, souvent, par tenir lieu de la réalité féminine initiale, qui, seule, compte ? Ayons la loyauté de le reconnaître, contrairement à la légende, le « joyeux » Moulin-Rouge n'est ni très joyeux, ni très drôle, pas plus que le bal Tabarin, ni même, quoique plus spontané, celui de la Galette. Pas réjouissant davantage, le Rat Mort ou la Place Blanche, Maxim's ou les caveaux des Halles, burlesques et insipides. Une seule exception — au moins pour l'intention : le défunt, — naturellement, — Jardin de Paris préparait, l'été, quelque chose de plus acceptable et de mieux.

Cette existence quotidiennement infernale achevait Tinan d'une manière visible dont on suivait les progrès sur son visage et dans son allure. Je le revois, montant, essoufflé, les jambes molles, la rue Blanche, la nuit, tout en fredonnant la marche d'*Ubu roi*, de Claude Terrasse. Il faisait beau, doux, étoilé, frais, malgré l'absence d'arbres dans tous ces blocs de pierre, plus hostiles, plus fermés encore de leurs fenêtres aux persiennes closes sur leur silence raide. « C'est bien la musique de gens vannés, marche funèbre de pantins désarticulés qui se fichent un regain avant de répandre les membres de leur squelette, comme les fantoches de Holden, » me dit-il en s'arrêtant pour ressaisir sa respiration qui lui manquait. Puis, reprenant son pas, devenu lourd, au bout de ses jambes grêles : « je ne vaux pas cher ». Il buvait à force, comme à plaisir, versant avec obstination le wisky dans le grand verre à soda ou le kummel sur la glace pilée, et sa main pâle sur le col vert de la bouteille me faisait aussi mal que ses lèvres devenues incolores, sèches sur le cristal du gobelet ou les deux pailles. Cassé sur le haut tabouret des bars, à côté de Toulouse-Lautrec en gnôme droit, les lèvres rouges, lui, en limace dans sa barbe noire, comme coulante, qui faisait ressortir le blanc de son visage, il semblait, dans son habit noir, d'où sortait sa petite tête, blafarde, décollée aux oreilles, le type même du Pierrot devenu homme du monde d'abord pour suivre, ensuite pour oublier Colombine.

Le temps des vacances arrivait. Un de ces soirs heurtés, nous nous dîmes adieu. Il allait — pour la dernière fois — à Jumièges. Je partais pour le lac de Côme, retrouver l'église de l'abbé Blanès dans la *Chartreuse de Parme* qui doit être celle, en ruines, de Santa-Maria-a-Loppia et dans celle de Cadenabbia, — la Cadenabbia, — les armes des del Dongo, bien que je susse parfaitement qu'elles n'y pouvaient pas être. Je ne me rappelle rien de ce dernier dîner, de cet adieu. Avant ce dernier jour, déjà, nous avions assez de cette vie stupide, et peut-être l'un de l'autre, hélas ! qui la pratiquions, l'un par volonté, l'autre par affection, sans retrouver à travers ses remous le véritable de nous-mêmes. Je lui en voulais un peu, quelquefois, de m'y contraindre et de m'y retenir; il me pardonnait mal de l'accepter sans savoir inventer mieux, ou autre chose, afin de l'en extraire. Comme il ne me parlait plus guère de son amour, je le pensais à moitié guéri de ce côté, et je me persuadais qu'il se remettrait de l'autre, une fois la cure complète. Il paraissait plus calme.

Je ne devais plus le revoir vivant qu'à la maison de santé où ses jambes très enflées, méconnaissables, m'épouvantèrent, puis, dans l'appartement de ses parents, rue de l'Université. Ils avaient quitté les hauteurs de la rue Cambon pour un troisième — où mes visites successives, tout en me laissant, certains jours, un faible espoir, me brisaient par ce qu'elles me révélaient chaque fois de progressif. Je pensais, néanmoins, avoir le temps de m'en aller une quinzaine à Florence, où me rappelaient des recherches imparfaites sur Laurent de Médicis. Un mot de Pierre Louÿs, pressant, me fit revenir de suite, Trop tard, d'une heure à peine. Il était étendu sur son lit, sous sa couverture habituelle, jonchée de bouquets de violettes, « encore chaud » comme disait son père qui l'embrassait. J'eus la même sensation atroce en mettant mes lèvres sur son front. — Au mur, près de lui, la photographie du Palais Dario, à Venise, où il avait tant espéré pouvoir aller. Dans la chambre, — qui n'était pas à son image, lui si minutieux dans ses installations, — une dame expliquait tout haut, psychologiquement, pour quelles raisons il n'était plus.

Je regardai par la fenêtre, et brusquement, d'un coup, pour la première fois que je réfléchissais ici à autre chose qu'à sa santé, je reconnaissais l'immeuble : nous étions venus là dans les premiers temps où nous cherchions ensemble un appartement; il avait hésité, séduit par un entresol exigu qui donnait sur un petit toit en zinc, dans l'arrière-cour. Cette pensée que nous étions entrés auparavant dans cette demeure, vivants, tous deux, pleins d'enthousiasme, et qu'il était mort, bien mort, là, sur ce lit funèbre, me révéla mon malheur ou, du moins, me le fit saisir enfin, dans toute sa réalité, dans toute son étendue. Alors un frisson me prit, et oublieux de tous et de tout, même de ce que j'avais pu entendre et voir, seul avec lui, je laissai couler mes larmes.

Il était d'un blanc de pain bis et de mastic sur le drap blanc du lit. Je ne pouvais croire qu'il fût tout à fait mort, bien que j'en fusse certain. Il me semblait ne plus vivre autant, et le fait indiscutable qu'il était là, immobile, sans pouvoir me parler, déjà raide, destiné à n'être plus rien, à disparaître, m'étouffait de tout ce qu'il avait de monstrueusement révoltant. L'injustice de la vie m'écrasait. Je me sentis tellement souffrir et détester tous ceux qui lui survivaient, mais en oubliant de m'y compter, qu'exaspéré par leur langage quand tout aurait dû être au silence, je me retirai sans un mot. — A quoi bon parler puisque je n'aurais rien pu lui dire ?

Ami, comme j'aurais à t'en dire, aujourd'hui que rien, même une femme, ne pourrait nous séparer ! Je te comprends mieux, je t'aime davantage, et je voudrais être sûr que tu m'as pardonné mes négligences, mes égoïsmes, mon oubli à certaines dates. Te souviens-tu de la préface de Flaubert aux *Dernières Chansons* de Bouilhet qu'un de nos soirs de communion fraternelle je t'avais lue, les mains frémissantes ? Comme je te la lirais plus ému encore ! Comme je me la récite en retrouvant l'intonation de ta voix dans ma mémoire ! Tu n'es pas là, je le sais, ni ailleurs, et que reste-t-il de toi sous le tombeau révolutionnaire du Père-Lachaise (1) où tu ne voulus même pas qu'on inscrivît ton nom parce que n'ayant pu demeurer et dominer la vie, il te semblait que tu ne le méritais pas auprès de ton ancêtre. « Il faut vaincre ou disparaître » avais-tu écrit sur l'avant-dernière page de ton journal en te sentant atteint mortellement. Tu étais pourtant de la lignée immortelle dont le monde meurt de n'avoir pas compris toute la noblesse en dilapidant son héritage pour le mettre au service de ruses honteuses et de fausses grandeurs. Tu répétais avec une emphase que tu charchais à rendre ironique, sans y parvenir, la phrase de Saint-Just : « Que m'importe la poussière qui me compose et qui vous parle si j'ai réussi à me créer une vie indépendante par delà les temps, à travers les cieux ! » Tu montrais bien que tu n'avais pas démérité par ton audace à joindre l'acte à l'idée. Ils voulurent refaire la France pour refaire les hommes. Tu voulus en te faisant un homme apprendre aux autres à le devenir mieux et plus facilement que toi. Tu le voulus donc comme eux, autrement, avec les moyens restreints de ton époque, par la plume, seule arme qui te convînt et que ta santé tolérait. Tu t'es arrêté au début de ta tâche, mais tu y aurais grandi vite en la menant à une perfection chaque année plus haute. Il n'y a rien de ta faute dans tout ce qui a été. Ta fougue à te détruire vient de ta qualité même dont la générosité native, dissi-

(1) Tombe de Merlin de Thionville au Père-Lachaise.

patrice de ses trésors, ne trouvait ni dans toi, son porte-flambeau, ni dans les êtres, assez de combustibles pour sa flamme toujours ardente.

Je sais donc, et je me le répète, que rien de toi n'est là, ni dans le cabinet de travail champêtre de ma maison rustique où je te ressuscite d'une encre insuffisante, ni dans mon jardin où je te cherche en moi et t'y trouve, ni le long des routes où je poursuis tes images successives. J'ai rêvé d'entendre ta voix derrière mon épaule, à mon oreille, de voir ta main qui cerclait son poignet l'hiver d'une manchette violette s'appuyer sur mon manuscrit, et je t'ai entendu et je t'ai vu, à force de souvenir. Que ne donnerais-je pour te voir tout à fait et croire que tu m'écoutes ! Tout à l'heure, avant de reprendre ma veillée autour de ton ombre pour achever ces lignes malhabiles à force d'être véridiques, au bout de la plaine en pente douce vers l'horizon, que le regard de l'homme lui fait rejoindre indistinctement après le crépuscule, très loin, sous le ciel déjà nocturne que le reflet de la lumière morte imbibait encore comme pour retarder, quelques minutes, l'éclat des astres, l'éternelle question qui sollicite au bout de tous les chemins, montait vers moi. Tout était si beau, si profond, si noble, que l'enfant silencieuse qui tenait ma main, — l'enfant que tu souhaitais, Jean, et que j'ai eue, moi, moi qui ose, en de rares secondes, me plaindre ! — rejoignit d'instinct mon interrogation muette et la formula tout haut, à sa manière, en demandant à son père si les étoiles étaient visitées par les âmes. Je songeais si fort à toi, mon ami, cette petite voix retenue dans le grand silence de notre solitude m'était si douce, était si pure, qu'elle me semblait apporter la réponse en posant la question. Tout s'unissait pour me faire le supposer et il me parut que c'eut été manquer à notre amitié que de parler négativement, puisque cette négation même est aussi un doute qui vient d'une ignorance. « Peut-être », ai-je répondu de tout mon désir qui te rejoignait. Et, le long du retour, le mot de l'apôtre Paul chantait, vers toi toujours, dans ma mémoire : « La Foi est la matière de ce que nous sommes en droit d'espérer. »

Mais tu repoussais de pareils songes et tu m'en voudrais de les suivre, même au sillage de tes pas. Pardonne-moi. Ton ombre, que j'ai suscitée, née de ta vie même, m'environne, car c'est sur la terre, invisibles aux vivants pressés, mais balancées au vent imperceptible des limbes, que poussent les asphodèles de la prairie incertaine. Et ton ombre m'est si claire, si présente, si vivante par delà la mort et les lacunes de ma mémoire, que je lui suppose une existence. Ne s'élèverait-elle vraiment que de moi, si docile, quand je l'appelle ? Il est vrai que tu serais déjà revenu si quelque chose de toi vivait encore, où que tu soies exilé, quelques chaînes qui te pèsent, ne serait-ce que pour me voir, — tu étais si curieux ! — pour me faire plaisir, — tu étais si bon, — pour me lire ton dernier essai — car le paradis n'existe pas pour toi si tu ne peux plus écrire. Je tends vainement les mains, je ne trouve pas les tiennes, je ferme vainement les yeux pour mieux sentir ton souffle, je suis seul avec moi-même, plus seul encore maintenant que j'ai dû dire ta mort, que ces notes se terminent et qu'il me faut te quitter.

Il n'est qu'une résurrection, de même qu'il n'existe qu'une magie; elles viennent du cœur, ne partent que de là, et s'il ne les alimente point, elles sont vides. Aussi n'est-ce pas dans les ossements des morts, ni en frappant sur leur cercueil, qu'il s'agit de découvrir le secret éternel dont la certitude absolue serait sans doute, quel qu'il soit, un fardeau de plus pour la plupart, c'est aux champs ensemencés par eux de leur existence, dans leurs pensées, dans leurs sentiments, dans leurs actes, qui les faisaient dominer les êtres, les faits et les choses, les transformer ou les subir, dans l'espérance, enfin, qui résultait de tout cela de manière à atteindre chez eux, comme en soi-même, le secret du cœur qui est le secret de la vie, en même temps que la raison la plus profonde de ce qui décide et anime notre personnalité, même à travers l'intelligence, ici-bas. Ce cœur ne vaut, — n'a valu, — que mis à l'épreuve par la bataille avec tout ce qui lui répond, qu'il croit tel ou susceptible de le faire, ou tout ce qui ne lui répond pas, en vue de ce qu'il peut obtenir et de la métamorphose qu'il en espère, car il n'est plus rien s'il se referme, dès l'essor, sur soi seul, sans s'être jamais donné. Mieux que l'intelligence, il résoudra peut-être, un jour, le problème impossible, car la sensibilité ne peut s'acquérir si on ne la possède déjà et n'est-ce pas le cœur qui frappe au-dessus de tous les organes, au delà d'eux, seul, commandant tout le reste, jusqu'à la dernière seconde, contre la Mort ? De même que l'Humanité crée, tant que bien que mal, souvent au hasard, ou par un besoin mêlé de routine, les choses extérieures qui lui sont utiles, dont elle extrait les matériaux de la nature et les moyens de les manier d'elle-même, de même peut-être, parviendra-t-elle à posséder plus exactement, avec plus d'expérience, par plus de sentiment comme par plus de science, plus de raison et d'intuition, l'ensemble menant à une supputation presque divinatoire, les éléments d'une croyance nouvelle. Il ne paraît guère qu'elle ait dégagé autrement le postulat de survie auquel elle a fini par conférer immémorialement une possibilité telle qu'elle persévère au bout même des différentes religions, comme de ses scepticismes, dans l'espérance qui s'en dégage. Pourquoi n'irait-elle pas, un jour, plus loin ? Nul ne nierait que le cœur le réclame.

Ce cœur déjà mystérieux est, en lui-même, un prodige. Entre la Science et la Religion, immobilisées sur elles-mêmes, face à face, l'une dans ses laboratoires, l'autre dans ses temples, il est le seul à ne pas accepter le Destin, plus fort, plus grand en cela, que les dieux, c'est-à-dire tout ce que les hommes ont inventé.

Il est tellement impérieux, si persuadé de tout ce qu'il suscite, décrète et détermine dans son ascension au royaume de l'Esprit, qu'il frappe sans cesse, maillet sublime, à toutes les portes des êtres, des choses et des idées. Il a battu bien avant que les yeux s'ouvrent à la lumière, les lèvres à la parole, le cerveau à l'intelligence et il lutte encore quand les yeux ne voient plus, quand la bouche se tait pour laisser retomber la mâchoire, quand le cerveau s'éteint. Son obstination continue est telle chez chacun, comme dans l'Humanité, dont il est l'expression, qu'après avoir tout exploré, dans toutes les poitrines, dans toutes les demeures, le long de toutes les routes, dans tous les mondes, à travers toute l'immensité, aux heures où il ne lui reste plus que lui-même ou quelque souvenir unique, seul en face de l'horizon nocturne qu'il évoque à son tour pour soi, parce qu'il sait qu'il lui faudra, quand même, y rejoindre ceux qui l'y ont précédé, il frappe encore, infatigable, acharné, comme il frappera de plus en plus, défaillant jusqu'à la seconde suprême, stupéfait, à travers, les agonies anticipées que lui infligent ses semblables, comme il le sera contre la dissolution dernière que lui imposera la Nature, de trouver encore moins d'écho dans l'ombre éternelle que sous le sein de la Femme ; et il ne cessera de résister, de demander sans cesse, de vouloir toujours, de battre enfin, rebelle encore, qu'à l'instant même où la porte de la Mort, inébranlable, sourde à son appel, le repoussera pour l'abattre au cercueil de son corps même, en attendant de laisser tomber, sur sa dépouille, la lourde dalle définitive qui, l'écrasant sur son néant, l'y installe et l'y pulvérise, pour l'éternité.

CORRESPONDANCE

10 *Juin* 95.

Arrivé, mon ami : la santé est tout à fait suffisante. Je suis heureux de me promener dans ces allées parées du souvenir de *ses* gestes. J'ai délicieusement sangloté d'avoir revu des objets qu'elle a maniés. C'est ce qu'il y a de mieux : aimer.

***

J'ai travaillé et je veux travailler. J'ai besoin de toi, pour le *Mercure*, je fais une étude (pas paradoxale comme bien tu penses) sur la *Jalousie*. J'épigraphie cette étude ainsi :

« *Aime-moi, mais ne t'afflige pas si un autre couche avec moi.* » (Bilitis, 74.)

***

Ceci dit, je compte sur toi ; travaille aussi, toi, et tiens-moi au courant. Au courant de tout : de toutes les Marcelles, des *Chansons* et de Simon (le Mage), de la « jeune littérature », des œuvres de M. Taine, et du jeune André Yebel, et même de mon ami André Lebey. Ecris-moi bien. Je suis gai. Rien ne rend drôlement gai comme la constatation à nouveau de l'incurabilité d'un désespoir. J'aime beaucoup « mon genre d'esprit », je ris quand j'ai envie de pleurer : t'es-tu déjà, après deux années, souvenu du *comment une main s'appuyait à une table*. Ces choses-là vous *remuent* davantage que les gestes de tant de filles et même le « *triangle roux* » (1) de ma jolie petite Phanette. Pourquoi ?

Schopenhauer ne l'a pas dit. Je dirai moi *comment*. Sait-on s'il y a des pourquois ? Pauvre petite Phanette ! Et ses yeux gris et verts... Quand la reverrai-je ? Elle m'a écrit. Elle part pour la Russie ! Je la regretterai. Et ce sera un joli sentiment sans tache. Il n'y a eu là que de la chair et de la tendresse. De la volupté et de la caresse : pas d'amour.

Et tu vois, *c'est réussi*. Quelle leçon ! Mais, comme je disais, qu'est tout cela, (et cependant) devant la moindre chose d'elle !

Je bafouille, hein ? D'autres lettres seront mieux. Je plaisante, mais j'ai de la peine. Phanette m'a aimé vraiment, et bien, avec sa peau, et je l'ai aimé avec la mienne. J'ai été fou pour elle, et je l'aime de cela : d'avoir manqué en crever. Je conserve à mes lèvres le goût... des siennes. Jusqu'à nouvel ordre, elle est pour moi la meilleure volupté (l'incarnation de la Cythéréenne, quoi), jamais mes lèvres ne pourront se tendre jusqu'à Moscou.

Et puis, qui, au retour ? Je veux une fille rousse, sentant fort, comme les tubéreuses qui se fanent.

Ne parlons plus de Phanette.

Va chez moi. Travailles-y. Cela me fera plaisir. Ecris-moi de travailler. Cela ne servira à rien, mais enfin... Dis-moi qu'il

---

(1) Allusion au vers d'Henri de Régnier dans *Sites*.

faut arriver à mettre dans mon livre toute l'odeur des spasmes, des femmes qui *mouillent*, et des tendresses d'enfants. Des baisers *là*, et des baisers sur des fronts lisses qui se penchent. Décrire « la grande entrée » et les doigts chastement glissés par l'ouverture des gants lâchés. Tout cela, et *orchestrer*, c'est bien simple.

C'est bien l'*impuissance d'aimer* que je refais. C'est l'affolement (le mien) entre le *sexe* et la *tendresse*. C'est un être énervé qui, lorsqu'il est tué de luxure (quel mot ridicule), voudrait une épaule douce où rouler sa tête, et qui ne peut pas *les* trouver ensemble. Il faudra bien qu'il s'y résigne. Il aura mal après la volupté de sentir près de lui *seulement* de la chair tiède et moite et lasse ; puis, lorsque les douces mains tendres de l'autre caresseront ses cheveux, il songera : « Si celle-là avait la *peau* ! » comme il songeait tout à l'heure : « Si celle-là avait la *tendresse* ! » Une fois, il essayera de mêler — amour ! — ; cela sera lamentable.

Et, un soir il finira par songer, désolé et résigné, avec un sourire ironique et triste : « Hélène et Stéphanette, je ne peux pourtant pas coucher avec les deux ensemble !... » Et cela même ne suffirait pas.

Le comprends-tu maintenant, mon *roman* ? Tu peux me dire que c'est très beau, cela l'est, c'est le *sujet* que je trouve admirable entre tous.

C'est la solution impossible du seul problème intéressant : le bonheur.

« Qui fondra ces deux femmes en une seule ! » Seulement, que puis-je faire à cela, moi qui sais à peine écrire, et ne sais pas du tout composer. Tant pis ; j'essaye.

Ce qu'on veut faire -- ce qu'on fait ? Qui annulera cette question-là ?

***

Je finis la première lettre de la *série nouvelle*. Nous devenons, n'est-ce pas, plus amis à chaque série.

Et, cette fois, tu auras des étoiles...

Je t'embrasse.

Sitôt fini, je t'envoie la chronique sur la jalousie (pour laquelle il te faut *chématiser* une épigramme, tu la liras avant qu'elle ne passe à Valette... et tu me diras que je suis stupide. Ce qui est faux : mais j'éprouve une réelle volupté à écrire le contraire de ce que je pense. Si tu savais ce qu'il a un fou désir de LA TUER, ce pauvre « Lutérateur » qui nie la jalousie avec de jolies citations !

Abbaye de Jumièges. Jumièges (Seine-Inférieure)

Note. Mon papier !!! et je voudrais aussi du papier à lettres pareil au tien. J'abuse.

2 juillet.

Je crois que tu ne saurais assez te féliciter d'avoir un *objectif unique.* Tu connais moins que moi l' « état d'âme » de se dire : De ces trois ou quatre voies d'activité qui me sont ouvertes (ou entr'ouvertes), laquelle choisir ? On ne choisit pas, on va de l'une à l'autre, on perd son temps... Et c'est pourquoi *jamais* je ne pense *rien* de convenable : j'aurai du moins la consolation de ne m'être pas trop ennuyé, et les résultats pratiques de cela n'ont *plus* d'importance pour moi.

Voilà pourquoi je rapporterai de Jumièges : 1° un roman à *peu près* fini qui serait bien s'il existait, mais qui demeurera éternellement à l'état d'*ébauche*; 2° des notes d'embryologie spéciale incomplète; 3° les souvenirs d'un joli flirt qui *aurait pu* être un joli amour mais qui demeurera *ébauche*. Je suis, mon cher André, le plus admirable, parfait et complet (enfin !) type de RATÉ que je connaisse. Voilà ce dont tu ne me sembles pas assez persuadé.

Tant que je ne m'ennuierai pas, personne n'aura d'observations à me faire, le jour où je m'ennuierai, je m'oblitérerai... et tout cela, parce que, lorsque j'en avais dix-huit, une fillette de quinze ans m'a dit qu'elle m'aimait !

Et tu voudrais que pour ceux que j'aime, je ne m'inquiète pas chaque fois que je les vois peu ou beaucoup s'approcher de la chose dangereuse : « *Le Volant* ! »

Egoïsme, cher *égoïsme personnel*, sois loué !

Seulement lorsque moi, je me suis aperçu que c'était là *la vraie, la seule* pure, il était, pour moi, trop tard. Je voudrais qu'il ne soit pas trop tard pour les autres.

Tiens, tu uses souvent ton mépris pour des choses qui n'en valent pas la peine, qui sont *trop méprisables pour mériter d'être méprisées*, comme le bourgeois, les parents, l'art bête, etc. Que nous importent ces choses ! il faut garder tout notre mépris pour lutter au jour où il sera nécessaire contre les choses qui peuvent être plus fortes que nous.

Je voudrais qu'aujourd'hui ou demain, lorsque tu seras *sur le point* de... tu te dises :

Voilà mon ami Jean. Ce n'était pas un imbécile tout à fait.

Il avait une sensibilité convenable, etc., etc., tout ce qu'il faut pour n'être pas gêné dans la vie par un *manque* quelconque ; eh bien, parce qu'un jour sur le perron d'un château, il a vu une fillette blonde, et qu'il s'est laissé aller huit jours, *seulement huit jours*, à marcher à côté d'elle dans des allées de parc en se laissant conquérir par cette idée bizarre et baroque que le bonheur serait de posséder plutôt celle-là que telle ou telle de deux cents autres qu'il connaissait, eh bien, pour cela, *rien que pour cela*, il n'a plus été bon à rien ce pauvre garçon ! Il a *attendu* quoi ? Il *attend* toujours (quoi ! ! !) et il feuillette les occupations sans s'arrêter assez à une pour réussir — si peu que ce soit.

Il couche avec des femmes jeunes et jolies — souvent — il aime cela, mais il n'y prend pas, *à cause de l'autre*, la moitié du plaisir possible : RATÉ.

Il fait des études de science, ses professeurs en pensent du bien, mais, *à cause de l'autre*, il n'a pas un but assez précis pour arriver à un résultat réel. Il n'a que des curiosités : RATÉ.

Il commence un roman avec application d'abord, puis : à quoi bon publier, avoir du succès, avoir... à quoi bon ? *puisque l'autre...* et il continue son roman au courant de la plume, parce que cela l'amuse, mais cela ne peut être que : RATÉ. Etc., etc.

Je t'aime de tout cœur.

P.-S. — Ne me dis pas que tout cela n'est pas vrai, tu ne me convaincrais pas.

J'ai mal aux nerfs. Je ne t'écris pas, j'ai tort. Je t'écrirai. Ecris-moi. Ecrivons-nous.

Donne-moi des nouvelles : ton bachot, ton livre, nos amis, qui se marient comme des mouches, et tout le reste. Je vais commencer ma deuxième partie. (Liaison avec Stéphanette et mort de Ginette). La troisième est presque achevée, la première aussi et la quatrième est toute esquissée. Si je ne déchirais pas tant, il y a longtemps que j'aurais fini.

Le Mystère des Foules est un rude livre. Si tu vois Adam, dis-lui de ma part que je l'adore.

Tu viendras ici, n'est-ce pas, en allant à Dieppe. Si tu savais comme ce parc est beau la nuit !

Je t'embrasse.

29 Juin.

Oui, seulement en t'écrivant, je m'écrivais aussi à moi-même. Malade, on est toujours malade, je le suis plus que jamais en ce moment, en ce parc où, à chaque arbre, s'accrochent des souvenirs. Mais il faut bien rire de tout cela, tout de même. Sans cela il faudrait se tuer tout de suite. Il faut en rire comme de quelque chose de stupide, de néfaste, d'absurde qui vous entraîne, qui use notre vie, notre volonté, tout ; c'est notre seule arme le rire ; c'est seulement ainsi que nous pouvons un peu résister à toutes ces hantises aussi atroces que ridicules et aussi ridicules qu'atroces. Ah ! combien de fois faudrait-il te répéter que j'ai seulement foi en *l'amour irréel*. Ah ! toutes ces passions, passionnettes, désirs qui s'attachent à nous, me font l'effet d'un tas d'illusionnantes et décevantes pieuvres auxquelles il faut taper sur les tentacules avec l'ironie pour tâcher de les faire lâcher.

Et puis pourquoi parler de tout cela, est-ce qu'on peut ! J'en suis à la page 170 d'un roman qui ne parle pas d'autre chose, eh bien, il est absurde mon livre, il ne vaut rien, il est ennuyeux, prétentieux, vide et boursoufflé, est-ce ma faute : le seul sujet qui m'intéresse est un sujet impossible. Je l'achèverai et il ira dans un tiroir rejoindre d'autres piètres essais, et puis je recommencerai avec une affabulation un peu différente le même livre et je le raterai encore.

Ah l'impuissance ! voilà encore une chose dont il faut rire, car sans cela... !

Non, je ne veux pas la prendre au sérieux, la vie, parce que, si je la prenais au sérieux, il n'y aurait pas à hésiter un instant et que, pourquoi ne pas l'avouer, l'idée de me tuer me fait peur.

Tu ne sais donc pas que depuis deux ans je n'ai pas eu une nuit sans insomnies atroces, sans sanglots — tu ne sais donc pas que l'*Elle* me hante, me torture à chaque minute de ma vie, et que rien qu'en écrivant ceci j'ai mal à crier — et je ne me fais pas un instant d'illusion : loin de me satisfaire, la possession d'elle me ferait souffrir davantage — que m'est absolument interdit ce que les « ohnètes » gens appellent le bonheur et que nous désirons au fond de tout notre désir.

Alors tu vois bien que j'ai raison de rire, car, sans cela....

...et chantent tout est pour le mieux
Dans la meilleure des mi-carêmes.

Ah la la ! si je souffre ! Seulement je ne *veux pas* appeler cela Amour, moi ; je m'entête à mettre l'amour plus haut et plus loin ; je m'entête à considérer tout cela comme *maladies* et j'en rirai jusqu'au moment où je serai trop fatigué de rire. Alors on verra.

Mélisande est morte — elle a bien de la chance. Va au d'Harcourt, penses-y à moi : ne confonds ensemble ni la volupté, ni le désir, ni la sentimentalité, ni l'amour, ce sont des choses tout à fait différentes.

Au mois d'octobre, on aura de bonnes causeries dans ce petit entresol du boulevard Saint-Michel où bien des femmes se déshabilleront. Sans triompher d'une petite photographie, ce que, malgré tout, je persiste à trouver tout à fait drôle.

A toi.

C'est mal écrit, mais j'ai un rhumatisme à la main.

2 *Août* 95.

Je voudrais bien, mon grand, te voir persuadé d'une chose : c'est que pour moi il n'y a plus d'amour, il n'y a plus que des passions, et un but : les satisfaire... si cela en vaut la peine. Voici deux mois que je suis ici presque seul, seul en tous cas de 10 heures du soir à 2 heures du matin. A cette heure-là, je me promène dans le parc, il n'y fait pas très clair, mais les allées me sont familières — j'ai tous ces temps infiniment réfléchi sur moi-même et sur d'autres choses accessoires : je veux de l'argent, j'en aurai. C'est le manque d'argent qui a ruiné mon bonheur. C'est l'argent qui m'a vaincu, je veux le vaincre à mon tour, regarde-moi faire, cela t'amusera et ne raconte pas cette confidence à tes amis et connaissances.

Donc voici : je reviendrai de Jumièges très différent (oh

pas en apparence !) de ce que je suis parti. Il y a peu de choses qui demeurent ; parmi celles-là mon amitié pour toi, et une passion du Beau (avec un grand B) qui m'a déjà fait bien du tort et que je cacherai désormais de mon mieux. Il faut déguiser nos sincérités en snobismes. Je serai étudiant ès-sciences d'abord, en médecine après, chirurgien ensuite, et je ne commettrai plus de littérature avouée. J'aurai des maîtresses qui me serviront de marche-pied, je serai *struggle*, puisqu'en essayant autrement j'ai échoué.

Mon but est d'avoir de l'argent, et avec cet argent essayer d'éviter à d'autres les souffrances qui ont tout tué en moi. Tu vois, le but est avouable, si les moyens ne le seront pas toujours.

Il n'y a que deux sortes d'hommes : les *amoureux* (qu'ils le soient d'une fillette ou d'une idée) et les ambitieux.

J'ai été des premiers, je passe aux seconds. Si j'échoue qu'importe : je n'ai plus rien à perdre.

Voilà.

Si tu veux — car on doit être bien découragé quelquefois — tu seras mon « confident » comme dans le théâtre de M. Racine. Et tu pourras, je t'autorise, faire un livre avec ce que je te raconterai.

Je veux faire de ma vie un invraisemblable roman : il y aura des filles, des princesses, des duels et des coups de bourse... j'y voudrais des escaliers dérobés. On s'ennuie tant sans cela.

Il y aura tout ce qui voudra; qu'est-ce que cela me fait : j'ai rien à perdre.

Vingt-deux ans, cent mille francs de fonds de roulement,

de l'habileté au pistolet, un certain entrain dans l'alcôve, des lectures, et bien jouer au poker..., voilà mon enjeu.

Il s'agit de bien jouer.

Et si on perd, qu'importe ! on aura au moins connu l'ivresse du jeu.

Vois-tu, vivre avec cinq cents louis, payer des filles, manger mal, prendre des omnibus, écrire des romans et avoir un article dans le journal, c'est trop médiocre, j'aimerais mieux me tuer tout de suite.

Je veux secouer la vie, il sera toujours temps de m'oblitérer au dernier tournant. Je n'aurai pas été heureux, mais je ne *peux plus* être heureux, et j'aurai au moins été *ivre*, ce qui est une des formes du bonheur... la plus sûre.

Je *prendrai des notes*, et je te les léguerai. Tu mettras comme titre « Histoire d'une canaille malgré lui ».

Si je réussis, alors je serai un « grand homme » et je saurai faire plus de bien que je n'aurai fait de mal.

Est-ce que tu trouves que j'ai tort ? Je n'ai vraiment pas le courage de continuer la vie monotone.

Me « suicider » au moral ou au physique, j'ai le choix : je commence par le premier, il sera toujours temps pour l'autre.

A toi.

Je retourne au Havre à la fin de la semaine passer encore quelques jours avec S. Écris-moi encore à Jumièges. Si je reste à Honfleur, je t'enverrai mon adresse.

Sans date.

Saint-Nazaire. Ousqu'est Saint-Nazaire ?

Il y a bien de l'orage en Normandie et l'orage c'est mauvais pour les nerfs. Ma chienne a accouché de chiens morts et moi je n'accouche pas du tout. Il y a beaucoup d'orage dans l'air.

Les gens qui se marient ont raison. Moi j'ai peur tout seul dans la vie — j'ai envie de reconnaître des enfants naturels et de recueillir des chiens perdus pour m'occuper à leur faire la soupe — mais ce que je me fiche des enfants et des chiens !

La semaine prochaine j'irai « aimer » une quinzaine au Havre, j'en suis excédé d'avance.

Ah la la !

Alors, que t'écrirai-je ? Je trouve toutes les généralités bien particulières et je ne sais rien de particulier.

Je te dirai que *Le Mystère des Foules* est un livre admirable, qu'ici en ce moment rien ne se réfléchit en moi, que ma petite amie rousse est allée jouer ailleurs les sonates de Chopin et ravir d'autres gens que moi de son odeur de femme.

Les œillets ne sont pas fleuris et les pêches commencent à mûrir.

J'ai fini le premier conte des *Amphores ;* il est idiot : je l'envoie à Louÿs. J'ai envoyé au relieur les pages écrites du roman — encore une chose qui reste en plan. Je trouve ma vie ridicule et pourtant je m'y donne bien du mal.

Août-Septembre, encore deux mois avant Paris. Je rêve de vermouth-cocktail et de cigarettes de Richmond ; ici je ne fume pas et on boit des sirops, on lit des sirops, on joue des sirops, on chante des sirops, la vie est sirupeuse et les gens sirupesants.

Je partirai demain pour le Havre, on m'y renverra tes lettres — et je te conterai mes adieux à Phanette. Elle part pour l'Amérique, ma petite Phanette, je l'aurais bien voulu cet hiver et pourtant je suis las déjà de cette quinzaine à venir.

Mais le départ, la jetée, les mouchoirs agités : une émotion peut-être. Elle avait de si jolies choses dans ses yeux gris, et puis elle m'aimait un peu et ne m'a pas coûté trop cher.

Allons, je vais faire ma malle.

Je t'écrirai jeudi de Jumièges où je reviendrai un jour. A toi.

Ce bachot?

Sans date.

Ferme Saint-Siméon. A Honfleur (Calvados).

Je passe ici des jours agréables, mon cher André, il y a de notre chambre, par une immense fenêtre, une des plus admirables vues que onques je vis.

La chambre est haute comme un atelier, il y a un grand lit de pitchpin, le soir on dîne sur la terrasse au-dessus de la mer. La nuit on se promène le long des chemins qui semblent des allées de parc. Cela, avec la sensation de se dire : dans quelques jours, celle-là partira et je serai un long temps sans la revoir; elle ne m'aura donné que des joies et pas de peine. Elles sont clairsemées dans nos vies, celles dont nous pouvons dire cela ! Seulement en une lettre à ma mère, j'ai tant louangé ce pays (patrie, je crois, de M. H. de Régnier, le sympathique chef de la jeune école) que voilà-t-il pas que ma mère veut venir, et je n'ai nul besoin d'elle, et des amis qu'elle veut amener. Elle va raccourcir de quelques jours mon bonheur et il faudra retourner au Havre que j'exècre, enfin ! Je vais retourner à Jumièges, est-ce que vraiment tu ne pourras pas passer par là ? Voici déjà deux mois que j'ai quitté Paris, encore deux mois encore. Je ne serai tout de même pas fâché de revoir la terrasse du d'Harcourt. Je crains que ma petite Sthéphanette ne m'ait rendu difficile sur les nymphes oréades et vermouths amadryades qui y circulent. Et puis les fonds seront bas — lamentablement bas. Heureusement j'ai, l'autre soir, gagné 2.000 cigarettes de Richmond au chemin de fer.

(Je reçois ton « c'est fait », merci. C'était ce que nous appelons *aleajactaest*, nous autres latinistes).

Il faut lire beaucoup. C'est encore ce dont nous nous lassons le moins. Ce n'est pas à toi que je reproche de ne pas lire assez, c'est aux autres. On ne sait pas assez de choses, même superficiellement et c'est pourquoi les causeries qui pourraient être une des meilleures choses de la vie sont si lamentables. J'ai reçu ici le dernier *Mercure* : Mon amie aime beaucoup plus que moi les trois sonnets de M. André Lebey, et m'a récité le second l'autre soir. Moi, tu sais qu'il y a des choses que j'aime bien davantage : entre autres cette invocation à l'amour dont je voudrais bien avoir un exemplaire, lorsqu'elle aura paru dans la revue plus ou moins belge pour laquelle tu en corrigeais les épreuves.

Quant à l'*Esclavage* c'est vraiment bien. Tu pourras dire à Louys que le soir même, pieusement, nous avons cherché les *vingt-deux places* ajourées du costume de la petite reine Bérénice, et que nous obtînmes d'excellents résultats. Peut-être même nous occupâmes-nous des amours d'Atalante et d'autres choses encore, « car l'amour est un art, comme la musique il donne des émotions du même ordre... », etc. C'était *Volupté* qu'il fallait écrire au lieu de *Amour*.

« *De l'amour et de la volupté*. Définitions. Ce qu'il y a en ces choses de semblables et de différent, de confondu et d'étranger. Du rapport de ces choses. De leur réciproque influence. Métaphysique de l'amour et physiologie de la volupté. Théorie du désir (ἵμερος, etc.) » Je te propose ce sujet de volume : MM. Stendhal, Bourget et consorts n'ont pas fait progresser la question d'un millimètre.

Moi, je prends des notes pour une « critique historique et actuelle de l'idée de mariage », quelque chose de sérieux et pas paradoxal du tout. J'ai envoyé au *Mercure* une espèce de conte de dix-septième ordre, je ne sais s'ils le prendront. Pendant des années je ne veux plus faire que de la critique, si je fais quelque chose. *Mon livre*, je n'ai pas encore les reins assez solides, et il faut que *cela y soit* ou que cela ne soit pas.

Tu as toujours bien l'intention, n'est-ce pas, de réunir des vers en volume, en octobre ? Si tu viens me voir, apporte ce qu'il y a de fait sur Marcelle. J'ai pensé depuis que décidément (seulement il aurait fallu nous donner beaucoup de mal) notre première idée de volume double était excellente, nouvelle, et eut donné quelque chose de bien intéressant. Il faudra au moins recopier nos journaux et les réunir. Ah ! nos journaux ! J'en ai relu deux années du mien à Jumièges. Quelle monotonie, quelle intensité, quelle implacabilité dans la vérité, on ressent à ces lectures d'ensemble. Jamais des romans n'atteignent à cette exactitude d'émotion. Et même, quelquefois, quelles trouvailles d'expansion et de phrase dans ces pages écrites souvent en sanglotant. Ces cahiers-là seuls sont véritablement *moi*. D'ailleurs même d'un bonhomme comme notre Flaubert je préfère les lettres au reste, tu sais comme j'aime *Marie Bashkirsteff* et d'autres choses semblables. J'ai commandé *Wilhelm Meister*.

A toi.

Sans date.

Je me propose donc de refaire complètement ma vie dans ce sens : en un mot — mot que l'on n'ose employer à cause du déplorable et médiocre usage qui en a été fait — je veux devenir *vertueux* et trouver le bonheur dans la vertu. Il faut aller doucement. Je ne veux pas dire par là que je serai *chaste*, que je cesserai de *fréquenter la mauvaise compagnie*, etc., que je mettrai le catéchisme en action. Ce n'est pas la vertu des *bourgeois* que je veux.

Je voudrais seulement pour commencer, au lieu d'être paresseux, égoïste, violent, menteur, cupide et autoritaire, devenir travailleur, altruiste, doux, sincère, désintéressé et libéral, ou libertaire si tu veux.

Je ne pense pas que dans la fréquentation, j'ai l'air de changer beaucoup. Je voudrais m'appliquer un mot célèbre : ce qu'il faut *réformer ce ne sont pas les institutions, ce sont les mœurs*, autrement, si on admet que l'amour entre deux êtres, absolu, est la plus intense manifestation du bonheur, je veux être capable et digne de cet amour. C'est parce que je m'en suis reconnu incapable et indigne que j'ai cessé de me lamenter d'y avoir échoué, de m'étonner de voir les autres y échouer autour de moi.

En chimie, il y a des corps qui ne peuvent se combiner que lorsqu'ils sont *purs*. Cette comparaison est excellente.

Cette dissertation éthique s'excuse d'être un peu prétentieuse, elle a pour but d'empêcher M. André Lebey de s'étonner s'il trouve quelques modifications et beaucoup plus d'hésitations devant les actes que par le passé chez son ami.

C'est Ph. tout de même, si cela réussit, qui aura motivé tout cela, en me montrant, malgré elle et malgré moi, toute l'imperfection du bonheur qu'elle me dispensait, et qui était cependant le plus parfait que j'aie rencontré.

Il est bien entendu que tu apportes ici tout ton travail ; en quinze jours nous aurons le temps de faire bien des choses et bien d'autres choses encore. Je suis surtout curieux de tes sonnets.

Quant aux *Etapes*, tu sais que je n'en connais que très peu, cela est horriblement difficile, ce qui gêne surtout dans tout cela ce sont surtout, n'est-ce pas, les questions de *composition* qui vous empêchent de donner la pensée toute nette et lumineuse. N'as-tu pas eu souvent comme je l'ai eu le désir de n'écrire que des *essais* sur ces questions-là ? Quelque chose de composé un peu comme *le Jardin d'Epicure*, de France; seulement on se heurte alors à une autre difficulté, c'est qu'il faut plus de perfection, qu'il faut condenser davantage.

Moi je *travaille*. Je résume en tableaux les questions d'*Em-*

bryologie Générale qui semblent « définitivement acquises à la science ».

J'ai fait une « *Théorie de l'hérédité quant à sa raison d'être* » qui m'enchante.

Le seul article que j'ai envie d'écrire est une *Critique du Mariage*, mais je voudrais faire cela sérieusement et je n'ai pas ici les livres qu'il me faut. Je te *raconterai* cet article-là.

Je vais aller tout à l'heure voir quelle chambre je pourrai te retenir en Septembre pour que tu ne sois pas trop mal. Quant au *monde*, rassure-toi, il y aura encore des journées d'ici au 10 Septembre, mais plus guère personne dans la seconde moitié du mois.

En tout cas, mon père, ma mère et moi habitons seuls une petite maison dans le parc, smoking et habit sont tout à fait inutiles.

Toujours, n'est-ce, pas de longues lettres.

A toi.

14 *Août* 95.

Je t'attends quand tu voudras.

Je voudrais bien que tu sois heureux, si ce bonheur-là est possible et il *est* possible; parce que nous nous sommes trompés quelquefois, pourquoi douter de la vérité ? Je voudrais bien que ce ne soit pas seulement de nouvelles souffrances « douloureuses et douces ».

Je t'embrasse, de tout grand cœur. Nous avons marché côte à côte le soir alors que nous avions bien des tristesses. Il serait bon de promener enfin un peu quelques joies. Je pense que ces deux choses sont surtout l'amitié.

Dimanche matin, 15.

Ce que je ne voudrais pas, c'est que tu te croies obligé de venir. Nous nous reverrons toujours dans une quinzaine de jours à Paris. Et s'il ne s'agit que de promenades dans un parc, nous irons, si tu veux, passer deux jours à Versailles. Je suis ici jusqu'au 2 ou 3 octobre. Vivre sa vie est le plus sage, seulement il ne faut pas tomber malade... Je te défends de perdre un temps précieux à me répondre. Un télégramme si tu viens.

Je t'embrasse.

Nous avons tant rêvé que la vie n'est jamais inédite tout de même. Mais elle est plus directe que le rêve. Et puis notre destinée est sans doute plutôt d'essayer de vivre que de nous complaire à rêver.

17 *Août* 95.

Je suis tout à fait heureux à l'idée de ta venue dans un mois, et pour deux semaines. Ainsi cela vaut vraiment la peine, nous aurons vraiment le temps de nous dire quelque chose; je vais effacer les jours sur un calendrier « un à un », comme dit quelquefois M. H. de Régnier.

J'en suis d'autant plus heureux que, depuis que nous ne nous sommes vus, il est passé dans ma vie quelques événements — pas très considérables en tant qu'événements — mais si brutaux, si décisifs, si probants, qu'ils m'ont amené vraiment à réfléchir plus que je ne l'avais jamais fait : et j'ai conclu que la vie ne se raccommodait pas, ne se ravaudait pas, qu'il fallait, lorsqu'on l'a manquée, ou la cesser, ou la recommencer à nouveau, sur d'autres données, en profitant cependant de l'expérience d'avoir souffert hier.

J'ai exagéré d'abord, je me surexalte, puis, peu à peu, tout s'est mis au point, et j'ai conçu un *avenir* devant lequel tout mon pauvre cher passé est bien mesquin. A vrai dire, je suis sûr que je m'étais trompé sur ma signification ; je ne suis pas sûr d'avoir cette fois atteint à la véritable, mais je suis persuadé que j'en serai moins loin.

J'imaginais un certain idéal (A). L'ayant une première fois nettement incarné je me suis aperçu (par quelles tortures ?) qu'il y avait maldonne. Je pense que l'idéal au moins est bon, je me reprends, pour m'en servir au besoin — et, en attendant, je vis la vie d'émotions, émaillée de regrets plus ou moins convulsifs et désespérés de la tentative manquée. Puis voici ce qu'il arrive, au cours de mes « expériences » : je m'aperçois que ledit idéal est *réalisé*, aussi bien réalisé que je le rêvais ; je m'aperçois que tout naturellement, par *une*, j'ai atteint le bonheur spécial, que je désirais et que je me lamentais d'avoir manqué par *une autre*. Tu comprends ? Mais en même temps que je me rends bien nettement compte que *j'ai* ce bonheur-là, je me rends non moins nettement compte qu'il ne *me satisfait pas*.

Il me faut bien conclure que ce *qui était mauvais, ce n'était pas la réalisation surtout, c'était surtout l'idéal.*

Et ceci n'est pas vrai seulement pour moi. Celui qui se crée un Idéal malsain, mesquin, factice, éphémère, etc, — et nous sommes presque tous dans ce cas-là plus ou moins, je me fais fort de le démontrer — celui-là ne *peut* pas atteindre au bonheur et il ne doit pas y atteindre.

Après tout, qu'est-ce que je rêvais ? Une vie non seulement débarrassée des soucis matériels, mais encore comportant un certain luxe — luxe de table, luxe de confort, luxe de service.

Auprès de moi, un amour *limité* : j'entends par là que je ne rêvais pas une amie, une compagne *libre*; non, je rêvais une sorte d'esclave, au physique instrument de mon plaisir par le moyen du sien, au moral *reflet de moi-même* (combien de fois avons-nous dit ce blasphème), c'est-à-dire en admiration devant moi et me répétant toute la sainte journée un bouddhique : « Tu es bel et tu sens bon ».

Intellectuellement : une vie presque entièrement basée sur le dilettantisme au point de vue personnel, le désir mou de la gloriole littéraire au point de vue extérieur. Lire des livres, se développer l'esprit critique, régulièrement, comme un araucaria dans un vase de Massier, se gargariser avec des idées et des paradoxes, enfiler des phrases plus spécieuses que convaincues, et, une fois l'an, ou deux fois l'an, voir à la devanture des boulevards un volume gris, bleu et vert, ou jaune, avec un titre plus ou moins prétentieux, et contenant une chronique où tout serait systématiquement faussé suivant des attitudes intellectuelles à la mode, et, ce qui est pire, parfaitement capable de faire à d'autres autant de mal que ses semblables m'en ont fait à moi. D'ailleurs, entre temps, pour m'occuper, j'aurais pu ou trahir la foi sottement et menteusement jurée à l'esclave ci-dessus — pour me livrer, dans des locaux appropriés, à l'écossage de petits animaux, d'ailleurs semblables, n'en différant que par des questions de toucher et de vision, par la teinte des cheveux et la longueur des hanches — mais aussi absolument différentes de la *vraie femme* que du *(illisible)* Huret, tenant le milieu, et cela pas par leur faute, pauvres petites, mais par la mienne et celle de mes semblables.

Ou bien, j'aurai, dans des salons *littéraires*, ou dans des expositions *d'art*, admiré sans franchise des choses parfaitement dignes d'être méprisées dans la proportion de mille pour une.

Ou bien, pour augmenter un peu mon confort et mon luxe, pour parer ma poupée d'étoffes plus belles, et de petits cailloux brillants, d'ailleurs esthétiquement contestables, j'aurais *engagé des capitaux* dans telles ou telles *affaires* (les affaires, c'est l'argent des autres) qui feront passer dans ma poche, d'une façon absolument et incontestablement malhonnête, des *sommes* qui sont parfaitement volées et de plus volées, en général, à ceux-là qui souffriront le plus de leur manque, ce qui n'est pas pour rendre le vol plus estimable.

Tel (on pourrait développer) était mon idéal de bonheur, que je le veuille ou non, que je l'avoue ou non.

Il y a là-dedans d'excusable un certain désir du *beau*, je dis excusable et non pas louable, car ce désir est mêlé de tant de snobismes, d'insincérités, d'enthousiasmes faux qu'il est un peu « miroir éclaboussé de boue ».

Là-dedans rentre ce qu'il y a de moins mauvais : le désir de volupté fausse, de fausse *communion* en tendresse, qu'il se porte à la femme ou à la remplaçante. Tout cela est de médiocre qualité.

Une objection : Oui, mais au *fond de nous* quelque chose rêve plus haut : un *amour absolu*, un *art absolu* ? *Non*, parce que comme la réalisation est, malgré tous les empêchements, à l'*image du rêve*, nous nous dupons et rêvons seulement d'un *amour relatif* et d'un *art relatif*.

Le pire, c'est que la réalisation de ce mauvais idéal donne vraiment l'illusion du bonheur (c'est cela que je viens d'expérimenter), mais l'illusion seulement. Lorsque je me suis retrouvé seul, j'ai eu trois pensées successives et nettes :

1. Mais c'est le bonheur !
2. Pourtant je ne suis pas satisfait.
3. Pourquoi ?

Et j'ai conclu que c'était l'idéal qui ne valait rien, et me le suis prouvé à moi-même ; j'ai démoli un à un tous les sophismes derrière lesquels je n'ai trouvé que des choses mesquines ; j'ai fait le *bilan* et j'ai trouvé que ce dont je n'avais pas lieu d'être satisfait, c'était surtout de moi-même.

J'ai conclu qu'il y avait deux imaginations possibles :

1° Se satisfaire du non-moi ;

2° Se satisfaire du moi.

Que tous les hommes, et moi jusqu'alors, adoptaient à de rares exceptions près la première et que la seconde seule était la bonne. Cherche dans ta vie à toi quelles satisfactions dépendent du dehors et quelles ne dépendant que de toi-même, tu trouveras bien plus de ces dernières que moi, mais dis-moi cependant de quel côté penchera la balance ?

Il faut donc diriger sa vie de sorte à se *satisfaire par soi-même*.

(L'amour dans cette hypothèse prend une toute autre signification).

Les moyens sont à peu près évidents : le Travail, l'Art, le Bien.

Seulement, ce n'est ni le travail d'hier, ni l'art d'hier, ni le beau d'hier. C'est toujours l'éternel *BEAU VRAI BIEN*, mais conçu indépendamment de soi-même, ce qui, au point de vue pratique, change bigrement la question !

20 *Août* 95.

Ainsi, André, tu deviens si *mondain* ! Qui relirait tes anciennes lettres ne le croirait pas ; tu évolues sous l'influence des milieux comme n'importe lequel des dignes métazoaires ancestraux et tu gonfles tes pneumatiques pour aller entendre dire des phrases à des jeunes filles.

Je ne pense pas que ceux qui se châtrent pour ne pas attraper la syphilis aient raison, d'autant qu'ils peuvent l'attraper autrement. « L'esprit mondain » est beaucoup plus dangereux que toutes les gangrènes, celles-ci ne pourrissent que le corps et le premier pourrit l'âme — celui qui s'expose au danger doit être imbibé d'antiseptiques. Je ne pense pas que, pour toi, il y ait de danger là-dedans, excepté la femme — et ce danger-là, tu n'y échapperas pas ; celles-là, celles de ce monde-là sont seulement, je crois, les pires — je les comparerai à des noix très dures à casser, on s'y brise les dents et on s'y meurtrit les doigts. Alors que l'on réussit, on trouve seulement une poussière noire humide et un ver. Les meilleures d'entre ces noix sont vides et l'on demeure édenté et les doigts endoloris.

Où faudrait-il s'adresser pour avoir des noix pleines ? Ceci n'est peut-être pas un problème insoluble.

Je pense que depuis l'Église, le Monde est la pire des *entités*, et elles sont mauvaises pour la même raison : elles dépriment. Quant à moi, j'ai tout à fait vécu là-dedans jusqu'à dix-neuf ans — hélas ! Depuis deux ans j'y fus toujours, mais sans le voir presque, y poursuivant seulement un rêve. Je pense que, dorénavant, je n'aurai plus guère de temps à y perdre. Je crois avoir compris et senti et joui de ce qu'il y a là de meilleur : le *frôlement* (voir l'*Insatisfait*, roman inachevé, pages tant et tant), mais j'ai aussi parfaitement compris que c'était le *factice*, la loi de ces apparences. Avant d'avoir conclu que le *vrai bonheur* ne pouvait pas exister dans de semblables conditions mésologiques et sociologiques et psychologiques (le bonheur : la satisfaction des besoins), je me suis aperçu expérimentalement qu'il n'y existait pas.

Toi, regarde à ton tour. J'ai aussi admiré la bêtise incurable, puis, peu à peu, je l'ai partagée, puis j'ai réagi, et ce fut douloureux. Je te souhaite de ne pas connaître l'évolution complète : elle est inutile. Ce sont seulement des années de vie qui flambent avec une flamme claire ; on dit « tiens c'est gentil » ; après la flamme il demeure un peu de cendre blanche, et l'on ne songe pas qu'il faut bien que cela soit la cendre de quelque chose, et puis la cendre se répand, se répand, crie entre les dents, fait pleurer les yeux, gêne le cœur, enlinceule la pensée — alors on est las de la vie, dégoûté, désespéré, il faut faire un effort atroce pour s'agriffer au rocher de la crête au delà de laquelle on verra la vallée nouvelle, — et, malgré tout, il demeure quelque chose de terne en vous.

Ce n'est pas un sermon que je te fais, c'est un sermon que je me fais à moi-même ; je voudrais conclure ceci.

Il y a quelque chose de séduisant et de bas, de pimpant et de stupide, d'élégant et d'ignoble, c'est le *monde*. Si ce quelque chose s'introduit trop dans notre vie, les rouages ne marchent plus, qui sont l'individualité, nous devenons semblables aux autres, or cela seul vaut par quoi on diffère. Pour vaincre, il y a deux moyens : 1° Éviter le monde, et c'est un moyen sûr mais qui ne vaut rien. Bonaparte disait « en amour, la victoire c'est la fuite » ; il avait tort de la même façon. 2° Si bien *remplir* sa vie que la poussière destructive ne puisse pénétrer. Toi tu peux, je crois, remplir ta vie avec l'art créateur, moi je tenterai de la remplir autrement, mais il faut qu'elle soit pleine, dut-on boucher les vides avec des utopies et des chimères, il faut que l'esprit mondain, l'amour mondain, la morale, la vertu, la charité mondaine, le vice mesquin mondain, ne trouvent pas une fente par où faire pénétrer le premier grain de leur poussière corrodante. Ces fentes-là ont des noms : elles s'appellent vanité, paresse, désir matériel de jouir, vanité surtout. Il y en a une qui a un vrai nom de fente et qui est une fente véritable, ce n'est pas la plus dangereuse ; le jour où un compliment banal vous fait plaisir, où une coquetterie vous séduit, où vous souriez avec complaisance à une infamie morale, ce jour-là il faut prendre garde, on est sur la pente : si l'on ne résiste pas à la flatterie à la coquetterie, à la complaisance, on roulera sur la pente, — et plus on y aura roulé, plus la *remonte* sera dure, — si on la peut, si on ne va rouler jusqu'en bas, dans l'abîme de sale boue grise et grasse de l'*impersonnalité*.

Car c'est pour sa *personnalité* qu'il faut lutter, et la personnalité est un des facteurs du bonheur.

Et encore, il faut prendre garde de ne pas confondre la personnalité et l'originalité. Dans ce monde qui gêne on se dit : je reste personnel; — on se trompe, on est seulement ce qu'ils appellent original : on ne s'habille pas comme eux, on ne pense pas comme eux, on n'admire pas comme eux, et on se dit : je suis inattaquable. Et il se trouve que tout cela n'est qu'un masque inconscient, que, inconsciemment, on accomplit le même chemin et que, de la fameuse personnalité que l'on croyait être parvenu à garder, il ne reste plus que des cheveux longs, un chapeau à bords plats ou un gilet de velours. Quelquefois on ne s'aperçoit de rien ; ceux qui s'en aperçoivent, s'ils ont été sincères en leur vouloir de rester eux-mêmes, sont épouvantés, quelques-uns se tuent ; quelques-uns, les plus forts, essaient de remonter la pente, y réussissent parfois, la plupart se résignent et gardent seulement les cheveux longs et le gilet de velours.

Ce qu'il y a de pire dans ce monde, c'est qu'il rie. Il faut dire de la vie ce que Sterne disait de la volupté. : « *No passion so serious as lust* ». La vie est sérieuse, le monde est frivole. Il est plus facile de rire que de comprendre, il est plus facile d'être indulgent que juste, il est plus facile de douter que d'expliquer. Et même le monde ne *rit* pas, le rire peut être beau, celui de Rabelais est quelquefois beau, celui des hordes barbares de nos ancêtres, de nos ancêtres aux moustaches tombantes, était sublime, et manifestait une *force*, mais le monde n'est pas fort, il ne rit pas, il *ricane*. Je ne crois pas en un Dieu providentiel, ceci ne veut pas dire que je le *nie*, cela ne veut pas dire que j'en *doute*, je n'y *crois pas* (tout simplement), mais la grimace de Voltaire ou de Pigault-Lebrun m'écœure, tandis que je m'incline devant le « *quia absurdum* » d'Augustin et le « malgré les dieux » d'Ajax. Le monde ricane, et ce ricanement-là me fait froid dans les os, et quand je pense que moi aussi j'ai ricané et que je ricanerai encore, je me désespère d'être si faible et j'ai honte de moi-même.

Devant la mer, devant un petit chat qui joue, devant toutes ces choses-là, n'as-tu jamais senti combien la vie est *sincère*, combien elle est *vraie?* Eh bien, il faut être *sincères* et *vrais* comme elle pour pouvoir communier avec elle en ces spasmes de l'âme qui seuls valent quelque chose, et l'esprit *mondain* est le contraire de cela parce que son essence est la *mode* et que par définition même dans la mode, il n'y a rien qui puisse durer.

Le monde est le contraire de la vie. Et je t'écris cela parce que tu m'écris : « Nous ne voyons pas assez le soleil, nous ne pensons pas assez à la vie, etc. » Penses-tu trouver la vraie vie sur les galets des plages ? Ah ! il faudrait plutôt se pencher sur les couches du peuple où l'avenir s'élabore, là on est plus brave, plus fort et plus vrai, et il y a plus de vie dans les regards. Seulement... nous trouvons que cela ne sent pas bon, ce n'est pas de notre faute, nous avons tellement été élevés à cela ; seulement, sois sûr que c'est nous qui avons tort.

Dogmatisme ! Je hais le *dogmatisme*, parce que je hais la *croyance* et un dogmatisme est l'énoncé d'une croyance, mais le sérieux de la vie n'est pas un dogmatisme, c'est une évidence; de même peu à peu la science se débarrasse des dogmatismes erronés pour les remplacer par les faits et les lois d'expérience, parce qu'il faut bien que la science et la vie se confondent, la science étant, n'est-il pas vrai ? (devant être) un moyen pour l'homme de recréer l'univers facilement à chaque instant et autant qu'il voudra.

Il ne faut pas se désintéresser de la vie. « Les hommes pleureront toujours » dis-tu. Voudrais-tu donc supprimer les larmes, les délicieuses larmes de l'âme ? Un jour peut-être ne pleureront-ils plus de douleur à cause des anesthésiques et des besoins assouvis. Mais ne pleure-t-on pas dans la volupté et la joie ?

Ils pleureront « comme ceux d'autrefois ». Pourquoi cela ? Ne sais-tu pas que des peuples ne pleurent pas ?

Ce qui importe ce n'est pas la larme, c'est le chagrin. Eh bien, le chagrin, c'est l'âme qui se gonfle, comme la joie, c'est un *effort*. Et l'humanité s'efforcera toujours. Une petite fille m'a trompé et j'ai sangloté, cela importe peu. Mais ces larmes signifiaient *réellement* quelque chose d'immense : le désir de l'UNION, comprends-tu ? Ces larmes s'adressaient à une abstraction si haute qu'inconcevable et me rapprochaient d'elle ; ah ! je ne les regrette pas : toute souffrance de l'âme est une beauté acquise. Je pleurais, moi, la tête dans mes mains, et cela faisait des taches plus foncées sur le buvard où tombaient les larmes. Mais ce qui importait, c'était, au delà de moi-même, mon âme qui s'étirait vers la *connaissance*. Ce qui importait, c'était qu'à me dire : « Je souffre tant pour si peu de chose », je comprenne que ce n'était pas pour cela que je souffrais, mais *au delà de cela*, pour quelque chose d'indicible.

Et remarque que cette douleur était imparfaite, elle était imparfaite parce qu'*elle*, comme *moi*, était imprégnée de cet esprit mondain haïssable, rieur et mesquin.

J'ai ri de ma douleur au lieu de l'accueillir pieusement, et elle aussi sans doute a blasphémé la sienne.

Sans doute à des moments où nos doigts s'enlaçaient, nos âmes se désolaient des phrases sèches que nous disions, nos âmes sentaient qu'en mimant l'amour mondain nous rendions *en tous cas* l'amour vrai impossible, et si nos âmes se sont effleurées c'est nous, c'est nous-mêmes, qui les avons écartées en entassant entre elles les modes et les mensonges, et maintenant elles ne peuvent plus se rejoindre.

Nous ne pouvons pas expliquer l'amour, pourquoi ne serait-ce pas ceci : des âmes s'attirent, nous le sentons, et *c'est en voulant les aider que nous rendons leur union impossible.* Il y aurait beaucoup à dire là-dessus.

Je ne t'ennuie pas trop à écrire ainsi, sans suite, au fil vague de la pensée, comme si nous causions tous deux, des lettres — tu vois — aussi longues que les tiennes? Nous causerons mieux lorsque dans trois semaines nous marcherons tous deux dans le parc et les ruines.

Ne fais pas trop de bicyclette et de yacht avec ces démons, et fais de beaux vers et de beaux essais. Prends garde à la bêtise des gens. Et souviens-toi du mot admirable de notre Flaubert, le mot terrible :

« Sa stupidité m'attire ».

Je t'embrasse.

24 *Août* 95.

Il fait chaud, chaud, chaud, et j'ai chaud. J'ai lu quelque part cette phrase : « Rien ne peut mieux guérir l'âme comme les sens, comme rien ne saurait mieux guérir les sens que l'âme ». Je trouve cela tout à fait bien, et je me le répète depuis ce matin.

Je t'écris sur un ignoble papier qui m'exaspère, en fumant d'infectes cigarettes qui m'exaspèrent. J'irais me promener à pied longtemps si le mouvement ne m'était pas odieux. J'ai heureusement auprès de moi un grand verre de café froid très fort, j'en bois de grandes lampées et cela me chauffe les tempes..., si seulement ces cigarettes n'étaient pas si infectes...

J'ai hâte de te voir ici : quinze jours, nous n'aurons pas le temps de nous lasser du travail et je puis espérer que cela sera (pour moi au moins) agréable tout le temps. J'aurai la primeur de choses que tu auras faites et ce genre de pucelage me convient mieux que d'autres. Je t'en supplie, si on en trouve à Dieppe, apporte un paquet de Richmond. Nous chercherons et nous trouverons des conclusions spécieuses. Alors que nous serons parvenus à les convenablement formuler, nous pourrons nous amuser à les appliquer à la vie cet hiver. L'Idéologie est une des seules choses dont on ne se lasse guère. Ceci en ce moment me peine : qu'il est bien difficile d'exprimer suffisamment une chose sans affirmer, et l'affirmation me répugne; quand on affirme, les gens ont toujours l'air persuadé que vous *êtes sûr* de ce que vous dites, ils ne peuvent pas arriver à comprendre que l'affirmation est seulement une forme de rhétorique. *L'idée*, elle, est tout à fait indépendante de l'affirmation, de la négation et du doute, mais tous ces gens-là ne comprennent pas cela; leur pensée est brutale, elle viole tout; elle ne sait pas caresser; la grossièreté de mes « semblables » m'est insupportable et me chagrine.

Je n'ai pas d'ailleurs, en ce moment, de chagrins plus directs et c'est peut-être pour cela que je vais chercher ceux-là.

J'écris bien mal, mais c'est la faute de ce papier quadrillé ridicule.

Toi, au moins, comprends bien cela, dans mes lettres, comme dans nos rapports : quand j'affirme, c'est que je ne trouve pas d'autre moyen d'expression et c'est un moyen qui ne vaut *rien*, parce qu'il est forcément partiel. La rhétorique est un vêtement bien étroit, elle nous offre bien peu de ressources, et notre pensée est bien limitée.

Comprends cela aussi pour ce que j'ai dit du monde et d'autres choses; certainement il est bon de se pencher sur le monde, certainement il est mauvais de se pencher sur le monde, mais nous ne savons dire que l'une de ces deux choses à la fois. Remarque que je ne veux pas dire : c'est peut-être bon, c'est peut-être mauvais, les sceptiques me répugnent, ce sont des eunuques cérébraux. Il faudrait dire les *deux ensemble* et on ne peut pas; me comprends-tu ? Dis-moi que tu me comprends. Ce n'est pas de ma faute si les formes de la pensée sont insuffisantes et celles de l'expression presque nulles. Nous ne savons presque pas arranger les mots et nous ne savons presque pas ce que les mots veulent dire... cependant de vrais résultats ont été obtenus ! Qu'est-ce que cela serait si nous savions !

Le secret de mon « abstention » est dans la lettre. « J'ai constaté en écrivant mon roman que je ne savais pas assez ce dont je parlais », dis-tu ; — moi aussi, et j'attends. J'ai aussi conclu que la forme *roman* nous rapproche malgré nous de de tous les cacographes qui en font.

J'attends tout simplement : 1° d'avoir quelque chose à dire; 2° de savoir comment le dire. Je risque d'attendre longtemps.

En moi des tas de choses s'ébauchent, des tas de théories — sur Dieu, sur le Non-Dieu, sur la cruauté, sur l'union, sur la sensualité — sur tout — mais il faut que tout cela mûrisse, *s'arrange* ; si je dis quelque chose, il faut que cela n'ait pas traîné à tous les rez-de-chaussée de journaux à un sou, quelque chose qui puisse aller toucher et baiser à l'âme ceux qui ont des âmes altérées, révoltées, cruelles, énervées, et... souriantes comme la mienne. Sans cela ce n'est pas la peine.

J'ai le temps. Un homme n'a que quelques pages à écrire et il ne lui faut pour cela que quelques volumes.

Des gens ont écrit cent volumes, ils auraient autant dit en dix, quelquefois en aucun.

Je me fous de l'opinion littéraire; seule m'importerait l'émotion de mes *frères*. De ceux pour qui on écrit sans les connaître.

J'ai essayé de me plier aux *formes*, j'ai commencé un roman, des contes. J'avais tort. Si je reprends un jour la plume, lorsque j'aurai pensé un peu plus, j'écrirai *tout droit devant moi*, et si « le scandale arrive », tant pis.

Allons, je vais aller marcher un peu tout de même. Écris-moi, et écris pour moi des vers « divins ». Viens ici le *plus tôt que tu pourras*, demain si tu peux, je trouve le 15 septembre si loin encore.

Je t'embrasse.

25 *Août* 95.

Être soi-même. Et puis se créer pour soi des personnalités multiples et belles... Il y aura même des imbéciles pour dire : contradictoires...

Maintenant je ne puis approuver ce que tu as l'air de dire du bonheur. Se sentir mêlé aux choses, ému et vivant de la vie de cette bonne nature personnalisée. S'engourdir (même en croyant penser), sur la plage crépusculaire comme tu le fais, toi, ou dans un hamac, lent sous des arbres, comme je le fais moi-même. Ce n'est pas le bonheur. Le délicieux de ces états-là, c'est que l'on cesse de se sentir, que l'on cesse de souffrir si tu veux, mais le bonheur, n'est pas le contraire de la souffrance, ou le manque de la souffrance. La souffrance et la volupté se concernent et s'emmêlent. Le bonheur est *positif*, n'en déplaise à maître Arthur Schopenhauer.

Je le conçois justement, lorsque je le conçois le moins mal, comme la plus haute conscience de sa claire personnalité. Il est tentant, je le sais bien, de le placer en quelque vague nerveux état poétique et doux comme un bain tiède où flotteraient des images et des musiques parfumées. Mais cela est lâche et me laisserait insatisfait. Or, je crois que le bonheur est surtout la satisfaction.

Oui, ce que tu décris est doux, extrêmement, mais je crois qu'il y faut résister. Toi, encore, tu réalises des vers, ce qui est encore, après tout, une façon d'agir (je parle en dehors des vers eux-mêmes), mais moi, je n'aurais pas cela où me raccrocher.

D'ailleurs compare ce bonheur-là, que tu appelles « aussi véritable que peut l'être un bonheur humain », à un bonheur d'art par exemple. Au bonheur de répéter pour la centième fois des vers admirables ou de toucher un bronze patiné, ou de manier une fleur belle.

Que nous prenions le mot *plaisir* ou le mot *bonheur*, je crois que l'émotion sensuelle, devenant plus complexe à mesure qu'elle devient plus consciente, à mesure que l'émotion esthétique s'y mêle davantage, s'élève graduellement — jusqu'à l'émotion d'art; — au-dessus, je conçois l'émotion de vie; bien entendu il y a là un cycle fermé et confondu en un point, mais il n'y a pas moins vraiment progression cyclique; il suffirait d'avoir du genre pour expliquer cela très clairement.

C'est bien ce que tu penses d'ailleurs; l'important est que l'on conclue semblablement par des méthodes particulières.

C'est pourtant vrai que l'on peut dire :

La poésie des choses est inférieure à l'art qui la synthétise et l'exprime; l'art qui pénètre toute la vie n'est qu'une des manifestations de la vie, et la vie, la vie vaut au delà des théories, par la seule existence des choses, du non-moi si absolument réel et auquel l'art est soumis... On peut continuer ainsi, accumuler contradictions sur contradictions, entasser cercles vicieux sur cercles vicieux; pas un instant on ne cesse de dire vrai — et c'est cela qui, en ce moment, me semble le plus admirable : l'immensité de la vérité, de la vérité-vie, qui accepte toutes les théories sans s'en inquiéter, étant tellement au delà, et qui nous permet, *en même temps*, de nous passionner violemment pour la robe de Madame X, et pour le peu d'importance qu'a cette robe, pour les gestes de l'amour et pour leur vanité — et qui, en même temps qu'elle nous humilie de notre petitesse, nous enorgueillit de notre immensité.

C'est décidément : « Tout est vrai » qu'il faut dire, et les sensations, il faut les accueillir toutes — toutes — toutes. Mais n'a-t-on pas quelquefois éprouvé, devant les luttes sublimes de sa pensée empêchée dans les façons de sentir limitées et apprises, qu'à ce métier-là bien d'autres deviendraient fous et qu'il faut tenir bien sa tête.

Laisse-toi aller aux sensations; elles sont délicieuses. J'approuve ce que tu as l'air de dire du bonheur.

Pierre Louÿs m'écrit de Lapras qu'il continue à s'occuper chrysistianement de sa petite Chrysis ministérielle. (J'aime beaucoup le genre d'esprit de M. Pierre Louÿs.) Il m'écrit en vers invraisemblables dus à sa collaboration avec Hérold, poète lyrique, et M. Fontainas, poète abscons; je crois que je suis arrivé à lui répondre une lettre presque aussi absurde que celle que j'avais reçue.

En ta qualité de poète, voici un échantillon :

Nous Silvains de Sicile assemblés à Lapras
Sifflons tous les Brueys et tous les Palaprats
Brandissant pour fermer le chemin de Lamastre
L'épée a garde noire où brille une lame-astre !

. . . .

Et comme Thraseas qui s'ouvrit les sept-veines
Nous vous léguons nos corps illustres, ô Cévennes !

. . . .

Le voilà bien, l'alexandrin, le voilà bien !

Et ce vers :

..... *Rhodocleia !*
A la serrure de Mérode ô clef il y a !

Je t'attends avec une impatience qui croît : ne peux-tu pas arriver le 14... ou le 13... ou le 12... ou le 11... ou le 10... ou demain ?

Vraiment, je crois que tu ne te déplairais pas aussi. Je crois que cela est encore plus beau que l'habitude ne me le fait voir.

A toi.

Mon papier est infâme, mes enveloppes sont ignobles ! C'est la dèche, la pâle dèche (... l'Arde dèche, dirait Louÿs); et tout cela c'est la faute à Phanette, voilà de l'argent que je ne regrette pas !

29 *Août* 95.

André tu m'amuses.

Tu m'amuses de me parler de Cléo de Mérode. Sais-tu que ce fut une de mes grandes passions lorsque j'habitais près de chez elle : Je la rencontrais souvent, je m'arrangeais pour la rencontrer; je la trouvais gracieuse, jolie et mince, et j'en faisais de charmantes insomnies, il y a déjà longtemps de cela. Je n'ai pas changé d'avis d'ailleurs, je la trouve toujours délicieuse. Je voudrais bien qu'elle me donnât encore des insomnies, avoir une *insomnie* suppose que l'on dort quelquefois, ce qui ne m'arrive plus guère. Je baise les mains de Cléo de Mérode, qui bien certainement ne s'est jamais aperçue de moi ou m'a oublié depuis longtemps. Tu m'amuses de me parler de Reynaldo Hahn. Ses chansons grises sur Verlaine sont jolies, ce qui n'est rien, et elles me sont chères, ce qui est davantage. « La Lune blanche... », « Les sanglots longs des violons » étaient les deux habituelles chansons de ma chère petite Phanette, qui s'ornait vers le soir d'une petite sentimentalité sans banalité si gentille; je l'entends encore dans les bois, mettre toute la fraîcheur de sa voix dans les dernières notes de « C'est l'heure exqui-i-se ». J'ai ces chansons-là ici, c'est moi qui les lui avais données et c'est elle qui me les a fait aimer; nous les relirons ensemble si tu veux. Mes remerciements à M. Reynaldo Hahn. Si tu peux un jour me faire faire sa connaissance, j'en serai ravi... Il me fera penser à Phanette.

Je dois te raser avec Phanette, mais plus je vais, plus je pense que c'est ce qu'il y a eu de mieux dans ma vie. Je pense quelquefois que j'aurais dû, au delà des préjugés, l'épouser, l'empêcher de continuer à « être gaie », comme elle dit si tristement. Elle m'a dit un jour : « Si j'avais été riche, j'aurais été une honnête femme tout à fait scandaleuse, comme je suis née pauvre et que je ne veux pas me passer d'étoffes chères et de bijoux, il a bien fallu m'en faire donner ». Elle était si sincère — d'autres diraient cynique. — Certainement elle m'a aimé, et sans confiseries, avec sa chair et sa curiosité, elle a aimé mes caresses et elle a aimé mes paradoxes et mes citations, elle a aimé ce qu'il y a de plus moi-même en moi. Je m'aperçois chaque jour de tout ce que j'ai perdu, et, par les détails épars que je te donne, tu dois bien comprendre quel charme elle avait pour moi. J'aurais voulu pouvoir te montrer son portrait, mais elle n'a jamais voulu se laisser photographier et je ne sais pas dessiner. Elle avait un corps admirable, des « mains agiles », des cheveux vivants, un gentil visage pâle avec des yeux gris vert et d'extraordinaires lèvres dures. Elle avait les bras glacés qui sont ce qui m'affole le plus, elle avait toute la tendresse et toute la complaisance ; je suis lyrique, que t'en semble ? C'est que je pense que je ne l'ai pas assez *appréciée*, que maintenant elle est loin, pour des mois et des mois. La reverrai-je !

Sais-tu bien qu'elle a voulu que nous ne nous écrivions pas parce que l'on se lasse plus vite de s'aimer par écrit que de vive voix. Si à son retour elle m'aime encore, elle me fera prévenir et je viendrai si je veux. Quelle drôle de petite âme de femme, n'est-ce pas ? Au départ elle m'a montré les *effusions* autour de nous et n'a pas voulu que je l'embrasse de peur d'être « aussi ridicule que ces gens-là ».

Tu vois, j'ai bien raison de la regretter un peu et il faut m'excuser de parler d'elle pendant une grande page.

Sais-tu le sentiment que j'ai : Que cela fut véritablement l'amour, bien que je ne l'aie pas appelé comme cela, un amour en quelque sorte, libre, antique, gracieux, comme les choses à peine drapées. Et ce que j'ai appelé l'amour, X., n'a été qu'une hypertrophie de la (*illisible*) et rance sentimentalité de notre temps, quelque chose d'étriqué, de disgracieux, comme certaines choses modernes trop ajustées. Me devines-tu ?

Je pense surtout que je suis maintenant protégé par X. contre une nouvelle maladie semblable. Et que le souvenir de Stéphanette me gardera d'être vulgairement pris par la peau ; tout cela sera de bons éléments de vie.

Tu me liras tes sonnets ; si tu tiens tout à fait à ce que je te lise quelque chose, je te lirai la première partie de l'*Insatisfait*, qui est complété, et que tu connais déjà en partie. Je ne te lirai pas la seconde, qui ne vaut rien, ni la troisième, parce que je compte la refaire et m'en servir autrement. Pour résister au désir de te lire cette troisième partie que j'aime assez, je l'enverrai en villégiature. Quant aux parties 4, 5, 6, elles ne sont pas faites et ne le seront jamais.

L'autre soir je me suis amusé à imaginer le plan et les détails d'un livre à écrire sous ce titre nécessaire :

LES ANNOTATIONS DE M. JACQUES de S.

précédées d'un

Essai sur le genre d'Esprit de M. J. de S.

par JEAN DE TINAN

Ce serait un livre admirable, j'ai écrit une préface et un avertissement et je te les montrerai. En un mot :

J. de S. prend le soir, littérairement, avec une ironie mêlée de lyrisme, des notes *cyniques* sur ses occupations, ses opinions successives, ses lectures, etc... Il compose de tout cela des courts essais *absolument sans affirmations* (ça, c'est ma marotte en ce moment) sur les différents sujets d'intérêts.

Il y a une *lettre longue à l'ancienne bien-aimée qui serait un chef-d'œuvre.*

Une : *Annotation sur les gestes et les paroles de la petite fille que j'ai violée*, dont l'intérêt ne saurait échapper à personne.

Je pourrais là-dedans, en des paragraphes spéciaux, condenser le meilleur de ce que j'ai voulu faire.

Citons encore : *Influence de la masturbation collégiale isolée ou mutuelle sur le développement physique et intellectuel des jeunes générations françaises.*

Et puis faire précéder le livre étrange que l'on aurait fait soi-même d'une extraordinaire *étude* que l'on ferait soi-même et où l'on parodierait effroyablement toutes les semblables notices dont des professeurs de rhétorique ont (*illisible*) les meilleurs auteurs.

Non, mais vois-tu tout ce que l'on pourrait dire, sous prétexte d'ironie ! Tu me connais assez, n'est-ce pas, pour ne pas t'imaginer un seul instant que ce beau projet reçoive quelques exécutions. J'ai d'ailleurs d'excellentes raisons pour cesser d'écrire.

Pourquoi ne fais-tu pas annoncer au *Mercure* la publication de tes sonnets à l'automne ? Vois nos amis, ils annoncent, ils annoncent ! Il y a là une collection à 3,50 qui promet. (C'est là que je veux faire paraître *Les Annotations de M. Jacques de S...*)

Oh ! ce dernier numéro du *Mercure* ! La gravure sur bois de ton ami M. Jarry ! Tant qu'il y aura de semblables choses à voir, je veux vivre. Et le « Père Ubu qui a trop bu ! » Et le mot « Sagoin » qui hante évidemment ton ami M. Jarry, et la sixième lettre du mot « merde », etc., etc., il a mis de 88 à 91 — 4 ans — à écrire cela, ce n'est pas trop.

Et l'article de M. Bernard, avec une épigraphe de Jésus-Christ ! Louÿs a bien du talent, je crains qu'il ne soit un peu porté à la pornographie ! L'amitié de ce garçon-là te compromet dans les familles, mais combien il a de talent !

J'arrive au plus admirable. J'avais remarqué l'effronté plagiat de Lorrain, je ne l'avais pas signalé parce que, après tout, je m'en fous, et voici Verlaine qui proteste, c'est trop drôle ! Est-ce que Lorrain se figure qu'il n'y a que lui qui ait lu *Les Illuminations* ? Peut-il laisser cela sans réponse ? Cela m'amuse beaucoup. La vie est délicieuse. Que peut-on penser de Jean Lorrain ? Le pasticho-plagiat est-il en littérature ce que la vulgarisation est en science ?

Voici bien du papier noirci. Écris-moi aussi une longue lettre.

Dis-moi, le plus exactement que tu pourras, quand tu arriveras ici. Est-il besoin, vis-à-vis de ta grand'mère, que ma sainte et digne mère t'écrive une lettre d'invitation ? Réponds à cela, nom de Dieu, au lieu de me rabâcher à la fin de toutes tes lettres que la *mer est belle*, je le sais bien

« de par ma chandelle verte », comme dit ton ami M. Jarry, et je regrette bien qu'elle ne soit pas ici.

C'est pourtant rudement beau ici, le soir avec la lune. Tu arriveras à la nouvelle lune, c'est dommage.

A toi de cœur.

Veuille me rappeler au bon souvenir de M. Marcel Proust, c'est poli et cela ne coûte rien. Je t'autorise aussi à le persuader que j'ai du génie, il y a telles personnes auxquelles il pourrait le répéter à mon grand avantage.

P.-S. — Je voudrais une définition du mot *palotin*, cette fois il y en a un qui *explose* ? ? ? ? ? ! !

2 Septembre.

Il y a dans ta lettre quelque chose de parfaitement sage et qui s'axiomiserait ainsi : « Parmi celles qui..., celle qu'il faut préférer est celle qui fait perdre le moins de temps ».

L'éternelle question qui se pose est : employer sa vie le plus intensément, *le mieux*, le plus complexement possible. Mise de côté, à part celle qui pourrait être l'*Unique*, la compagne, l'amie, et je suis de ton avis, le sentiment pour, et de celle-là, doit se composer peu de désirs (peu et cependant beaucoup), mais un désir différent. Il n'y a rien qui change comme l'idéal. Il y a une douzaine de mois ou deux je rêvais une sorte de chimère, de Sphinge, de volupté, d'étreinte et d'ivresse. Ah la la ! maintenant mon espoir va vers une chère douce créature de tendresse, qui serait l'amie avec — des hanches, beaucoup plus que l'amante d'autrefois, qui serait l'amante aussi, mais l'amante plus profondément, et mon rêve de beauté s'est modifié comme mon rêve d'âme, ce n'est plus la splendeur animale et cruelle que je souhaite, c'est la douceur intelligente. Ceci posé, c'est-à-dire mon *actuel* idéal *d'amour* mis à part, reste à s'occuper du désir. (Mettons encore de côté la solution : « infusion de racine de nénuphar ».) Lorsque l'on a autant d'argent que l'on veut, on est particulièrement favorisé pour deux sports assez semblables, représentés par le cheval de luxe et la femme de luxe. Cette dernière donne, outre une jouissance de vanité dédaignable, deux sortes d'émotions, une émotion esthétique, *la ligne*; une émotion de volupté.

Cette émotion de volupté doit-elle être considérée comme d'ordre supérieur ? Pas nécessairement, mais il y a plus de chance pour qu'elle le soit. Le proverbe ablatif absolu : « *Sublata lucerna nullum discrimen inter feminas* » est excessif; une peau plus douce, une chevelure plus somptueuse, une chair plus ferme sont des choses tout à fait estimables. Les femmes dites de *luxe* présentent-elles ces choses plus parfaites que les petites quelconques ? Il y a des chances pour que oui. Mais nous connaissons tous des Cythéréennes bien défraîchies.

Faut-il alors leur attribuer une connaissance plus réelle de cet amour qui « est un art comme la musique ? » Faut-il admetttre qu'elles donnent plus de volupté ? Je crois que tu seras d'accord avec moi que les plus *chères* ne sont pas celles qui savent le mieux leur métier. Mon expérience à ce sujet est certainement limitée, cependant je suis bien persuadé que, sauf certaines spécialités, bien rares de nos jours (ce n'était peut-être pas ainsi à certaines époques), ces bonnes « filles du monde » ne peuvent donner « que ce qu'elles ont ». Elles ont toutes à peu près la même chose, même ceux qui aiment les chairs étroites ne les iront pas chercher parmi les plus achalandées.

Au point de vue « volupté », Pierre Louÿs serait indigné s'il me savait penser ainsi ; je pense qu'aucune, eût-elle étudié tout l'art complexe des courtisanes de Palibothrâ, ne donnera plus de volupté que celle qui, même très inhabile, *se donnera* sincèrement, par désir plus que par... lucre (un beau mot). Et je pense que mieux me vaut le *béguin* d'une fillette de quartier, puisque quartier il y a, que la nuit à cent louis aux draps de dentelle de Mademoiselle X.

Tout cela est très discutable.

Si maintenant je considère que Mademoiselle X. me donne, en outre, pour mes cent louis, la joie esthétique de ses adorables sourcils, de sa voix caressante et de ses autres perfections, je pense (étant bien entendu limité quant à l'argent et que pour moi cent louis, c'est beaucoup plus que vingt francs), je pense donc (mettant à part le cas où vraiment les dites fillettes peuvent par un peu de soin être rendues aussi charmantes que ladite Mademoiselle X., c'est seulement le temps de les perfectionner qui nous manque), je pense, dis-je, que je me procurerai pour la même somme de bien plus réelles joies en achetant cette eau-forte de Rops, cette photographie de chez Braun, ces volumes sur papier de luxe, cette orchidée et ce beau vase pour les mettre, une enfant gentille qui recèle entre ses petits genoux un spasme tout à fait pareil — et j'aurai disposé de la joie latente en mes deux billets de mille plus intelligemment et d'une arithméticale façon que ne désavouerait pas ce cher Bentham.

Objection : Si le désir m'entraîne vers celle-là qui, là, sur la plage, est entourée, aimantée par le désir de tous et par les petits entrefilets des journaux ?

Réponse : Décortiquez ledit désir de la vanité un peu puérile qui l'enveloppe, persuadez-vous, par exemple, que nul ne saura jamais que vous avez triomphé. Et je vous certifie que vous serez assez fort pour vaincre ledit désir. A moins que... vous ne soyez vaincu par lui, ce qui démontrerait excellement que j'ai raison en pensant qu'il ne faut rien affirmer.

Mais pourquoi seriez-vous vaincu si vous savez accueillir, dans votre esprit, quelques pensées un peu supérieures à l'hypothèse d'un pantalon fendu « ou non ».

Mais s'il y a de l'argent, mieux vaut le dépenser à des bibelots vivants, même vaniteux, qu'à la vanité plus stupide de couvrir d'or des Meissonier lamentables.

Ah ! si j'avais, si j'avais des millions... ! Je crois d'ailleurs que je dépenserais encore plus pour les chevaux.

Ces millions d'ailleurs, je suis heureux de ne pas les avoir trouvés en naissant, j'aurais moins vécu, ma vie eut été plus *frivole* et plus simple.

Tandis que si j'acquiers de l'argent dans l'avenir, je saurai la faire moins frivole et plus complexe.

Crois-tu pas que nous vivons une vie plus intense, plus belle, plus *ornée* (quel beau mot), que M. Max Lebaudy ? Voudrais-tu changer avec lui, échanger contre ses millions et la possession, même exclusive, de Mme Liane de Pougy, le bel enthousiasme que tu as à rimer ces élégies au bord de la mer.

Non, n'est-ce pas ?

Et moi accepterai-je pour endosser l'âme en chocolat d'un Menier, de renoncer à mes idéologies filandreuses et sans conclusions, au vague délicieux de mes idées, à ma passion pour les belles phrases, bien construites, pour adopter chaque matin l'avis du journal d'abonnement et apprécier les cacographies de MM. tel ou tel — je pourrais cependant m'octroyer pour très cher les faveurs de (?), de Mlle (je crois) Brandès (! !)

Tu vois, soyons heureux de nous-mêmes et ne nous plaignons même pas d'avoir vraiment un peu trop peu d'argent, nous possédons bien d'autres trésors. Quant à moi si je veux de l'argent — et j'en aurai — tu verras, — c'est moins pour moi-même que pour m'en faire une jolie arme brillante pour « férir » le pammuffisme qui m'écœure, — je voudrais pouvoir me « payer » des *fumisteries immenses* (on est prié d'imaginer ce mot prononcé par Baron) : Faire publier dans dix grands journaux un éloge de *UBU ROI* et conduire les Palotins à la gloire !!!

Je regrette que tu connaisses si peu Jarry et que tu ne puisses me le faire connaître, au moins celui-là n'est pas banal !

Je te dois aussi une définition du mot ami.

Ami : s. m., monsieur dont on sait à peu près le nom et dont on dit, tandis qu'il descend votre escalier, aux autres *amis* présents : « Ce pauvre X., est-il assez idiot ! ». Se prend aussi dans une acception plus répandue pour désigner les gens que l'on ne connaît absolument pas mais qui sont les *amis* de vos *amis*.

Je t'autorise à forger un autre mot pour nous deux, celui-là est oblitéré.

A toi.

2 Septembre.

Je suis tout à fait obéissant : je viens de lire *Une fille d'Ève* que je ne connaissais pas, en effet. J'aime beaucoup Balzac, tu sais, et plus depuis que je l'ai lu, et plus je le lis davantage. Je déplore seulement qu'il écrive assez mal pour que ce soit une gêne.

Ah ! s'il écrivait comme le grand Théo. Je pense d'ailleurs que la lecture de Balzac est pour nous autres une des plus détestables qui soit, un jour si tu veux, je t'expliquerai.

(Je n'ai pas encore tout lu de lui, jusqu'ici à tout je préfère *Le Père Goriot*).

Je proteste contre ce jugement d'ailleurs parfaitement exact : « L'individualisme est le pire de tous les maux. »

Je savoure cette phrase : « Il est dans l'esprit des dévotes de se faire un mérite des devoirs accomplis. »

Je goûte ce jugement littéraire : « Sa fécondité n'est pas à lui, mais à l'époque. »

Je trouve les descriptions d'ameublement lamentables, je m'empresse d'ajouter que ce n'est pas la faute de Balzac.

Je préfère Florine à Marie de Vandenesse.

Je m'empresse d'ajouter qu'il en est fort question dans l'humaine comédie.

Je me félicite qu'il n'y ait plus de prison pour dettes.

Le vieux Schmulle et son chat noir sont exquis tous les deux, mais cette description-là est encore médiocrement réalisée.

Je pense que dans Balzac l'analyse des femmes est extrêmement inférieure aux analyses d'hommes — cela nous semble-t-il ainsi parce que les femmes ont changé plus que les hommes ?

Il faudra que par « dévotion littéraire » nous allions cette année à un bal de l'Opéra.

Je retiens à la fin cette phrase : « J'en ferai ma Béatrix. »

« Mon cher, Béatrix était une petite fille de 12 ans, que Dante n'a plus revue, sans cela eut-elle été Béatrix..., etc. »

Ce Blondet est un garçon sage, et j'apprécie son genre d'esprit.

Sur ce je vais dîner, et j'attends que M. André veuille bien continuer à avoir soin de mes lectures.

A toi.

6 *Septembre*

Mon cher « poète », j'aime beaucoup M. A. Symons et le juge, par ce que je connais de lui, un *tout à fait* bon poète.

Parce que M. Symons est un *païen qui ne fait pas de thèmes.*

Aux plus talentueux de nos amis je reproche de parler en 1895 d'Aphrodite et de Phoïbos-Apollon. Je reproche, entendons-nous, je les admire fort, mais je ne puis m'empêcher de penser qu'ils *bénéficient* de tout ce qu'il y a de l'idéal latent dans les noms *propres* qu'ils emploient et dans leurs métaphores classiques. Je puis dire cela à M. A. Lebey, qui échappe à ce reproche.

Dans les *London nights*, A. Symons nous dit : « Ma vie est semblable à un *music-hall* ». Je sais ce que c'est qu'un *music-hall*; pour en tirer *l'émotion*, la poésie qu'il y a en tout, je juge qu'il faut plus de talent que pour m'émouvoir avec des mythes déjà somptueux.

J'avoue — sans remords — que mon idée de ce *qu'il y a à faire* se rapproche plus de celle que je suppose à M. Symons que de celle d'une école romane à laquelle se rattache fichtrement (que t'en semble) nombre de poètes qui n'en sont pas.

Je répète mon compliment à M. A. Lebey : dans ses vers, il a fait autre chose que des *thèmes*.

Et puis, j'aime les gens qui vivent, je suis un peu fatigué de ceux qui, quel que soit leur talent d'ailleurs, se content à eux-mêmes des poèmes anciens et romanesques tels qu'en songe.

Et voilà. Bravo pour M. A. Symons, qui ne m'a pas envoyé son volume, ce qui prouve qu'il est bien mal au courant des couches les plus pleines de promesses de notre chère littérature française, mais qui, en *vers lyriques*, a su chanter Yvette Guilbert, ce qui n'est pas si commun, ni si facile, ni si sot.

Encore ceci, qui est un sérieux compliment dans ma bouche de traducteur paresseux, mais enthousiaste : M. Symons m'a fait penser à Catulle.

Accepte un dessin pour ton prochain volume, et puis, puisque c'est court, tâche donc d'en faire les frais, chez Bailly si tu peux. Un volume de 25 sonnets ne doit pas ressembler à un paquet de prospectus imprimés à la hâte sur de désolants papiers. Ce serait *honteux*.

Il faut une plaquette qui soit déjà un objet d'art par elle-même. Nous en causerons ensemble.

J'ai vu des choses de Beardsley que j'ai aimées, fais-lui faire pour ton usage des fleurons et des culs-de-lampe.

Je suis heureux de te voir « intellectuellement » entouré.

Sais-tu ce que *l'anagramme*, science admirable et chère à Balzac (ne lis pas *la Femme de* 30 *ans*), trouve dans *Jules Massenet* ? *Je les amuse* — vérifie.

Mes amitiés tendres à M. Louÿs, et des tas d'éloges pour son merveilleux *Esclavage*.

M. le Poète, relisez au numéro du *Mercure* que vous méprisez, les vers de Quillard et ceux aussi d'un numéro précédent. Au point de vue *vers*, je trouve cela très *frappé* et très *plein*. Ai-je tort ?

Tout cela dit, je ne puis aller à Dieppe parce que je possède jusqu'au mois d'Octobre... l'intérêt à payer à 25 pour cent de quatre beaux mille francs qui s'évaporèrent à Paris, Honfleur et le Havre. Inutile de répandre cette anecdote, mais j'ai voulu te donner la vraie raison. Je serai fichtrement gêné à Paris, cet hiver et même ce printemps. Surtout je te défends bien de retarder ton arrivée d'une heure, le dimanche 15, tu dois être ici. Il y a eu ces jours-ci des clairs de lune indicibles. Malheureusement cette pauvre lune sera bien chancreuse lorsque tu arriveras.

Louÿs devrait bien passer par ici en un de ses nombreux voyages.

Ceci dit..., je file au marais cueillir des nénuphars, pas pour en faire de la tisane.

A toi.

17 *Septembre* 95.

André, j'espérais que ce n'était pas cela, que ce n'était *surtout* pas cela.

Que puis-je te dire ! Il n'y a rien où puisse s'ébrécher une amitié davantage qu'à essayer de combattre ces choses — je veux croire que la nôtre est beaucoup trop solide. Si tu savais comme ta lettre m'a fait de la peine ! Il y a deux ans, au mois de septembre aussi, je l'ai écrite, *cette lettre-là, la même*, avec d'insignifiantes différences de détails, *la même*, horriblement la même et tu sais ce que je suis devenu ; tu sais bien que j'ai perdu deux années de ma vie, que je suis peut-être usé d'aimer pour toujours, que peut-être si le *vrai* amour passait, je ne *pourrais pas*.

Ce n'est pas cela, André, ce n'est pas cela et tu le vois bien toi-même, comme je le voyais aussi. Je voudrais tant que tu ne sois pas vaincu comme je l'ai été. Et puis on ne peut même pas dire que ces souffrances-là soient utiles et belles, on aurait pu dire cela lorsque tu souffrais pour Marcelle cet été, elles sont vaines; on devient un pantin que l'on méprise soi-même. Et il n'y a rien de plus atroce — je le sais — que de se mépriser soi-même. Tu commences.

Voilà : tu n'as pas su prendre de celle-là ce qu'il fallait : un parfum peut-être exquis; tu cherches son cœur, et tu sais bien qu'elle n'en a pas. Je la connais, va, ta jeune fille, je la connais à vingt exemplaires pendant deux années, j'ai su *m'énerver*, puis X... est venue et tu sais ce que j'en suis devenu. Il ne faut pas qu'il en soit de même de toi. L'épouser, dis-tu : pose-toi une question, une seule, mais sincèrement et réponds-y loyalement : voudrais-tu qu'elle soit la mère de tes enfants? Sinon, vois-tu, il y a une solution, une seule : qu'elle se marie. Alors, ou bien tu seras guéri d'elle, ou bien tu en feras ta maîtresse. Ceci te choque peut-être, parce que tu es en pleine crise, mais tu le comprendras plus tard; il ne faut pas que ce soit trop tard.

Ce qu'il faut faire : il faut t'en aller tout de suite. A Dieppe, tu la *vois trop* et dans un tel milieu que tu ne pourras pas résister si elle est jolie et sait des gestes tendres. Tu avais le cœur dans un tel état, mon André, que j'attendais cette crise-là chaque jour pour toi; j'étais heureux que tu sembles l'éviter. Et voilà.

Va-t-en. Il *vaut mieux* risquer, au cas où vraiment elle aurait un cœur digne de toi, et cela, le crois-tu? Il vaut mieux lui érafler un peu le cœur à elle que meurtrir le tien, qui vaut plus, peut-être pour toujours. André tu as, *avant tout*, des devoirs envers toi-même : remplis-les. Tu n'as *pas le droit* de rien céder de ton idéal. Il faut que tu vainques. Et la victoire ici, c'est de fuir. Si tu t'en crois le courage, parle-lui franchement, parle-lui franchement : dis-lui que si elle t'aime, elle se marie pour être tienne. Dis-lui que tu es de ceux qui ont droit de sacrifier les autres parce qu'ils sont supérieurs aux autres. Et cela, dis-le toi aussi à toi-même, et si c'est de souffrir que tu as envie, prive-toi de cette souffrance-là parce qu'elle n'est pas digne de toi.

Va-t-en. Va-t-en où tu voudras, ailleurs qu'ici si tu crois que j'écris cela pour te faire venir. Ici, si tu veux bien croire que tu ne trouveras nulle part de plus tendre amitié.

Mais par cette amitié, et au nom de ma vie à moi, gâchée, perdue, comme tu risques de perdre la tienne, *va-t-en.*

O André, si tu savais comme j'ai souffert — la torture de s'échapper à soi-même !

Et elles doivent être semblables, jolies, vermeilles, et blondes, et des yeux bleus comme des pierres précieuses... — elles sont admirables, elles sont les plus jolis merveilleux objets qu'il y existe — et puis elles vous disent qu'elles vous aiment — et elles ne savent pas ce que c'est ; elles vous sourient avec âme — et puis bonsoir.

André ! je regarde ta lettre — je vois que tu la juges « coquette et sensuelle » ; moi aussi j'ai écrit ces mots-là, les mêmes ; *va-t-en.* Tu sens bien que, *même si tout va au mieux*, ce n'est qu'un bonheur *médiocre* que tu peux trouver là. Et plus est médiocre le bonheur que l'on a voulu, plus la douleur est humiliante et amère de ne l'avoir pas même atteint. Il ne faut pas que tu souffres comme j'ai souffert — je suis usé, vidé et épuisé, — tu as dix-huit ans, tu es plein de pensée, de vie, d'enthousiasme. Celle-là existe sans doute qui te garde entre ses chères mains le vrai bonheur. Vois-tu, il ne faut pas arriver vers celle-là en n'ayant plus que de la lassitude dans l'âme. Il faut lui être *fidèle* à celle-là, à celle qui est *réelle*.

Je ne sais que te dire, j'ai peur que tout cela ne soit inutile, je voudrais tant trouver la phrase qui te convaincrait, qui te *sauverait*.

Va-t-en. Donne-moi une *trêve*. Viens ici tout de suite, viens *reprendre un peu haleine*. Réfléchis avant de continuer, ne te laisse pas entraîner. Tu sauras bien la revoir. Ce que je te demande, ce dont je te supplie c'est de te *dégriser*. Après, si tu veux, si tu ne peux pas faire autrement, si c'est vraiment ta destinée, tu pourras recommencer à l'aimer de sang-froid.

Comprends-moi : Je le voudrais de tout mon cœur, que ce soit celle-là qui puisse te donner le bonheur. Mais tu n'es plus à même de juger, il te faut prendre un peu de recul. Ce que tu veux, n'est-ce pas, c'est *aimer*, ce n'est pas te *duper*. Eh bien prends les huit jours d'arrêt qu'il faut pour te rendre compte — plus, s'il le faut.

Il faut que ton amour soit *calme* pour que tu sois sûr de vraiment aimer. Sinon ce n'est pas l'amour, c'est la *fièvre*, la fièvre du cerveau et des nerfs qui nous use dans les œuvres vives de la vie.

Viens ici; tu seras tout près de Dieppe. Demande-lui de t'écrire, tu verras ainsi plus nettement son esprit. Écris-lui, toi aussi, les choses qu'il *faudrait qu'elle comprenne*.

Et si tu vois que tu t'es trompé, étouffe courageusement

ton amour avant qu'il ne t'ait envahi encore davantage. Tu auras mal, mais ta personnalité sera sauvée. Je ne veux pas que tu deviennes *bon à rien*, comme moi.

Je t'embrasse de tout cœur et te supplie encore de faire ce que je te dis. Ah ! comme je le voudrais que tu aies déjà rencontré la *Vraie*, mais je vois bien que tu ne le crois pas toi-même. Viens !

TABLE DES MATIÈRES

DU MÊME AUTEUR :

POÈMES

Sur une route de Cyprès. — Sur une route de Peupliers. — Coffrets étoilés.

ROMANS

L'Age ou l'on s'ennuie, chronique de 1900. — Une Dame et des Messieurs.

ESSAIS

Sur la Route sociale (2 vol.). — Les 7 idées des 7 diners des 7.

HISTOIRE

Les Trois Coups d'État de Louis-Napoléon Bonaparte. — Louis-Napoléon Bonaparte et la Révolution de 1848. — Louis-Napoléon Bonaparte et le Ministère Odilon Barrot. — Le Connétable de Bourbon.

THÉATRE

Catilina, drame en trois actes.

En préparation :

POÈMES

Silhouettes littéraires et politiques, notes. — Militant, roman. — Dans l'Atelier maçonnique. — Contes sous la Rose des Vents.

www.ingramcontent.com/pod-product-compliance
Ingram Content Group UK Ltd.
Pitfield, Milton Keynes, MK11 3LW, UK
UKHW022103260726
13993UKWH00001B/285